善学勤思

——小学数学课堂实践与超越

傅卓英 著

东北师范大学出版社
长 春

图书在版编目（CIP）数据

善学勤思：小学数学课堂实践与超越 / 傅卓英著
. — 长春：东北师范大学出版社，2020.12
ISBN 978-7-5681-7333-9

Ⅰ. ①善… Ⅱ. ①傅… Ⅲ. ①小学数学课—课堂教学—教学研究 Ⅳ. ①G623.502

中国版本图书馆CIP数据核字（2020）第259410号

□责任编辑：徐小红　　□封面设计：言之凿
□责任校对：刘彦妮　张小娅　□责任印制：许　冰

东北师范大学出版社出版发行
长春净月经济开发区金宝街 118 号（邮政编码：130117）
电话：0431-84568115
网址：http：//www.nenup.com
北京言之凿文化发展有限公司设计部制版
北京政采印刷服务有限公司印装
北京市中关村科技园区通州园金桥科技产业基地环科中路 17 号（邮编：101102）
2022年6月第1版　2022年6月第1次印刷
幅面尺寸：170mm × 240mm　印张：13　字数：210千

定价：45.00元

目 录

CONTENTS

第一章

1

重学习 广辐射

——勤勉推进工作室建设

虚心学习，勤恳工作，加强沟通，携手共进

——傅卓英工作室开展“四个一”及骨干教师跟岗情况的汇报

2012年10月份到广州参加授牌仪式回来后，我按照黄甫全教授和曾文捷副教授的指导，完成了本工作室的《学研训计划》，并把我在课堂教学中的一些做法进行整理，形成了题为“激趣、导做、创境——小学数学课堂教学三部曲”的论文。另外，我还加强跟骨干教师的联系，督促他们在10月底前完成论文的撰写，并于11月5日至11月24日，安排了骨干教师到工作室进行跟岗学习。现在我主要介绍跟岗期间的一些经验、做法。

11月5日，本工作室迎来了首批来自汕头和揭阳的跟岗骨干教师。在20天的跟岗学习中，我按照“四个一”活动的要求，制定了《骨干教师指导实施方案》，除了完成广东省教育厅与华南师范大学基础教育培训所安排的任务外，还根据黄教授和曾副教授的要求，结合本工作室及所在学校的实际，安排实施了“四个一”等活动。回顾这20天的学习，虽然每天都忙碌、疲惫，但日子却过得充实、快乐，我们工作室的成员也和跟岗教师建立了深厚的友谊。现将这段时间的学习、工作情况及“四个一”的实施情况总结如下。

一、完成的任务

1. 上课评课方面

在跟岗的第一周，我让本校的工作室成员都为跟岗教师们上了一节常态课，目的是让骨干教师们了解我们学校的教学情况及我校正在实践的课堂教学模式，让骨干教师们能够“知己知彼”，为接下来的上课做好准备。在每一位教师上完课后，我还安排评课，让骨干教师在交流中提高教学教研水平。

作为主持人，我展示了三节示范课。在示范课中，我力求通过教师的“激趣、导做、创境”，学生的“自学研究、探索交流、应用创新”来进行教学，为接下来跟岗教师的开题报告的撰写提供素材。这一安排得到了跟岗骨干教师的欢迎，他们纷纷在日志中表示肯定。

在第二周，我先安排跟岗教师每人上一节常态课。跟岗教师通过集体备课、上课、评课、再备课，提高了能力，增强了信心。

经过认真准备，跟岗教师们第三周在学校的多媒体室进行了汇报。由于课前都经过了集体备课，每个课我也都做了精心的指导，所以上课的效果都非常好，得到了听课教师的一致好评。主持人及全体跟岗骨干教师圆满完成了“四个一”活动中的示范课任务。

2. 理论学习方面

在跟岗期间，我给跟岗教师们做了三场讲座，分别是“骨干教师成长之路”“修订版小学数学课程标准解读”“对现行小学数学教材的认识及使用意见”，力求让骨干教师懂得如何去注重自己的提升，努力让自己成为一名优秀的数学教师。另外，我还根据跟岗教师大部分是学校行政领导的实际情况，请了本校的陈校长和姚副校长分别给骨干教师们进行办学经验及校园文化建设的介绍，争取让骨干教师们在学校管理方面也能有所收获。

3. 课题开题方面

在跟岗第三周，我组织跟岗教师开展了小学教师数学课堂“自学研究、合作探究、应用创新”教学模式的研讨交流，并根据自己多年实践积累的教研经验，给教师做了题为“课题开题报告格式及写法”的专题讲座，让教师们以“小学数学‘自学研究、合作探究、应用创新’教学模式的研究”为课题进行开题报告的撰写。通过这样的活动，骨干教师认识到科研课题开题报告是研究人员科研知识和能力的“缩影”，只有重视并认真、科学地做好研究课题方案的设计，做好开题报告，才能为获取教育科研优秀成果打开成功之门。

4. 外出交流方面

在这次跟岗学习的过程中，我安排跟岗教师们到省的书香校园——潮安县文里学校进行交流活动。在这次活动中，我们除听了文里小学三位老师上的三节课外，还参加了文里小学的德育评估活动，收获良多。

另外，我还安排教师们到潮州古城进行文化考察。我们参观了韩文公祠、牌坊街等古迹，深厚的历史人文积淀让教师们加深了对潮州传统文化的了解。

5. 论文撰写方面

在工作室成立之初，应导师黄甫全教授和曾文捷副教授的要求，我们制定了本工作室的《学研训计划》，计划在10月底完成第一篇论文的撰写。但各骨干教师工作都比较忙，论文完成后大都没有发送给我，有的教师甚至到了跟岗期间还没完成论文的撰写。所以我便利用跟岗这种面对面交流的好时机，对骨干教师的论文进行逐个指导，使全体骨干教师都完成了第一篇论文的撰写，有的教师还完成了课例分析。我们按时完成了"四个一"活动中的论文撰写任务。

6. 资料积累方面

在跟岗期间，骨干教师上课2节，完成1篇优秀课例及1个优秀课件；听课20多节，每节都有听课记录及评课记录；撰写跟岗日志10篇、教学反思3篇、读书笔记2篇，撰写学习计划、开题报告、论文、跟岗总结各1篇，等等。工作室把教师的这些资料都进行了纸质及电子文档等形式的积累。另外，在跟岗期间，工作室还把这三周的活动以简报的形式进行整理总结，并在主持人的博客上发表，以扩大工作室的影响。

二、过程和做法

1. 建章立制，争取支持

（1）制度建设。

在工作室成立之初，我就根据上级文件精神制定了工作室制度建设方案、工作室计划等，并布置在工作室的墙壁上；还制定了《工作室学员入室要求》《工作室学员跟岗学习考勤记录》《跟岗学员学习作息时间表》等，用以规范学员的活动；并印发上级关于跟岗学习要求的文件，以备学员学习并遵照执行。

（2）信息建设。

在跟岗之前我就建立了"傅卓英工作室QQ群"，通过QQ群或邮箱对学员跟岗前的准备工作做了具体安排。工作室也提前准备了供学员学习的资料，主要有《骨干教师综合素质的提高》《新课程的教学策略》《教育走向生本》《教师课堂管理艺术》《名师最受欢迎的特色教学艺术》及《实验研究指导》等，并且打印教师工作室成员联系信息表，方便工作室人员沟通联络。

（3）硬件建设。

在参加省的主持人挂牌仪式归来之后，我就向学校领导汇报了省有关工作室建设的要求及首批省级骨干教师跟岗的工作思路。在《关于做好2012年广东省中小学教师工作室有关建设工作的通知》下达之后，学校领导非常重视，召集相关部门做了指示。相关部门积极配合，在短期内配齐了工作室的基本硬件，为跟岗学习做好了相应的物资准备。

2. 跟岗信息，有效沟通

学员报到前，我通过手机和网络与学员保持畅通的信息联络，要求学员预先好准备工作并提交相关材料（如有条件的自带手提电脑及相机、填好个人信息表、准备近期照片、选好班级负责人等），征求学员对跟岗学习活动的要求和建议，并将学员十分关心的《跟岗学习工作计划》《跟岗学习工作指南》发到QQ群上，供大家参考。

3. 接待工作，周到细致

2012年11月4日下午，跟岗教师在我精心安排好的旅馆报到；4日晚上，本校主管工作室事务的副校长及全体工作室成员与跟岗教师共聚一堂，共进欢迎晚餐；11月5日上午，潮州市教育局陈局长及廖副局长到校为工作室挂牌及参加骨干教师的跟岗开班仪式，勉励学员克服困难、认真学习；仪式结束后，主持人陪同学员参观校园，熟悉工作环境，并为每位学员准备了资料盒，有关材料都装进盒子里，便于学员参考、使用；5日下午，主持人所在学校陈校长会见了全体学员，代表学校欢迎大家到工作室来跟岗学习，并和大家进行了热烈的交流，着重向大家介绍学校的办学理念和学校经营发展战略。另外，在跟岗期间，主持人全天陪同跟岗学习，工作室的几位成员轮流接待，使学员们融洽地生活在学校这个大家庭中。

4. 明确任务，增进了解

为了让学员进一步明确跟岗学习的任务，工作室特制定了《工作室学研训计划》《骨干教师指导实施方案》《工作室跟岗日常计划》《骨干教师跟岗听课记录表》《骨干教师跟岗备课记录表》，要求骨干教师在跟岗期间按照学校的作息时间进行学习，每天要签到两次；听课不少于20节，上课不少于2节（其中1节为汇报课）；听课、上课后集体评课；听课须填写并提交听课记录，上课须提交教案，评课须有记录。这些要求旨在使学员通过听课、上课、评课学习他人的教学长处，展示个人的教学风采，通过伙伴互助，促进教学反思，提高课堂教学水平。

另外，在跟岗学习开始的第一天，我就与跟岗教师一起学习上级下发的有关跟岗学习的文件，研讨工作室本次跟岗学习的目标、任务、计划和工作内容，并取得了一致意见。跟岗教师还进行了个人形象的展示，分别介绍了自己的教育教学经历、理念、业绩和打算，气氛热烈。本校的主管领导姚副校长也详细、系统、全面地向大家介绍了学校的办学机制和特色，学校创办15年来的发展、创新之路，学校教育教学教研活动的开展情况以及在新课程改革的教学实践中的探索和收获等，使学员对学校的办学模式、教学环境、本校拥有广东省教师工作室的原因有了全面的了解。

5. 同行切磋，广收博采

本工作室深刻地认识到，跟岗学习的核心是课堂教学，跟岗学习的途径是在课堂中学习教学。工作室所在的潮安县实验学校小学数学组是一个高素质、高水平的教学团队，拥有市级骨干教师及县学科带头人多名，科研成果丰硕，影响比较大。工作室充分利用这一先天优势，与学校进行协商，调整了教师授课表，让跟岗学习的教师都能够进入这些教师的课堂观课，并在观课结束后与这些教师进行了座谈交流，深入研讨，气氛热烈，收效良好。

工作室还充分发掘、利用周边资源，深入工作室成员所在的省级书香校园——潮安县文里小学分别听了《青蛙和小鸟》《平行四边形的面积》《收获的季节》三节课，并参加了该校的德育评估活动。学员从中学到了新东西，各有所获。

6. 深入课堂，听评互动

跟岗学习的重要特征是在课堂中交流提升，师生之间、同伴之间是互学、互助、互促、共进的和谐关系。我多次为学员上示范课，所有学员都认真听课，课后参与评课；无论哪个学员上研究课、汇报课，主持人和其他学员都积极听课，课后进行认真的评议，并做记录。在跟岗学习期间，每位学员上的课都达到了2节，本工作室进行公开教学的课共计20多节，主持人和学员都沉浸在课堂中，气氛浓郁，听评互动，共同提高。

7. 汇报展示，争奇斗艳

工作室为学员搭建了和谐宽松、展现自我、自主发展、共同提高的平台，按照跟岗学习的要求，每位学员要做一个形象展示，向同伴展示个人的教育教学经历、理念、教学风格、业绩及奋斗目标。这样的活动旨在展示个人的风采，锻炼个人的能力。另外，每名学员都必须上一节富有个性的汇报课，把自己的拿手好戏展示出来。在这场汇报课的活动中，跟岗学员精心准备、精心组织课堂、精心施教，课堂教学风格各异。工作室所在学校的教师纷纷慕名而至，把媒体室挤得满满的，听课后对跟岗学员的课的评价都很高。

8. 同伴互助，合作提升

按照上级关于跟岗学习的要求，工作室对跟岗学习期间学员的开题报告的撰写加大指导力度。工作室组织学员围绕课题“小学数学‘自学研究、探索合作、应用创新’教学模式的研究”进行了多次研讨活动，对如何确定自己的子课题进行了认真、严谨的讨论，经过反复修改，最终形成了各位学员的开题报告。这个学习过程使学员认识到，校本教研既需要有坚持不懈、求实探索的精神，也需要同伴互助，在合作中切实有效地提升自己的能力和水平。

三、取得的效果

跟岗学习虽然只有短短的20天，但是采用了“完全脱离原岗，集中一线课堂，名师骨干互动，三位融为一体”的培训模式，特别符合教师职业成长的规律，特别满足教师个人发展的需要。请看跟岗学员的总结。

名师引路　同伴互学　自我提升

汕头市龙湖区西南小学　卓林清

结束了第一阶段的省骨干教师理论学习，按广东省教育厅的要求，我来到了有着浓厚教育氛围的潮安县实验学校，进行第二阶段的跟岗学习。

在跟岗的20天里，我的心一直被一股激情冲击着，我思想感情的潮水在不时翻滚澎湃着。走进新的教学环境的时候，我真真切切地感受到了自身在教育教学方面与他们有巨大的差距。通过这三个星期的实地学习，我收获颇多，受益匪浅，不仅拓宽了视野，对数学教学有了更深层次的认识与感悟，学到了不少东西，更明确了自己的职责及懂得了如何做一名优秀的数学教师，在此我谈谈这次学习的心得体会。

（一）名师引路，助我提升

这一次我们跟岗的导师是广东省中小学教师工作室主持人傅卓英老师。傅老师不愧是“特级”“名师”级的，听了她的示范课，我获益匪浅。课堂真实、自然的状态，环环相扣的节奏，对不同层次学生的了解，精妙、到位的点评，随意处便显现的真功夫，非一日可练就。在教学中，傅老师尊重学生的主体个性，激发学生的创造潜能。后来我们又听了傅老师的一节录像课《圆的认识》。听完课之后，心间有一股愉悦漫过，轻轻地流淌着，内心瞬间敞亮许多，感觉很受启发，受益匪浅。傅老师在课堂上充分尊重学生已有的经验和学习能力，先学后教，给了学生足够的探究时间和展示空间，在小组合作、自主探究中，学生积极参与，探究味道很浓。课堂上学生的表现，看不出任何造作或生硬，学生表现得异常投入、积极和兴奋。看到学生在课堂中学得如此积极，我想到，其实教师只要给学生舞台，学生就可能舞出很美的舞姿，当你欣赏到学生美妙的舞姿的时候，你会为学生感到自豪，你会在内心告诉自己，是我给他们创造了这样的机会，你会感到一股暖流在心间流淌。

在短短的跟岗学习期间，傅卓英老师还为我们做了“骨干教师成长之路——勤于学习、善于思考”“修订版小学数学课程标准解读”和“对现行小学数学教材的认识及其使用意见”三个讲座。听了傅老师的讲座，我增长了见识、更新了概念、开阔了视野，懂得了如何去注重自己的提升、努力让自己成为一名优秀的数学教师。除了做讲座以外，傅卓英老师还每天跟着我们一起听课，指导我们评课、上示范课，指导我们开展课堂教学的设计、做课题开题的设计、写跟岗日记……可以说，我们跟岗学员很忙，但老师比我们更忙。特别是跟岗学习的第二周，学员们每人要上一节常态课，老师要听每位学员的课，并对每节课进行点评和指导。不过，有老师的亲身指导和传教，我们有了更多向老师学习的机会，相信在老师的感染下，我们也会像老师那样用心工作、热心教研、精心治教。

（二）同伴互学，促我提升

在跟岗学习的第一周，老师一方面让我们了解学校的情况，也让工作室的几位老师每人为我们展示了一节常态课，为我们进一步了解学校课堂的教学情况提供机会。虽说是常态课，但看得出老师们是精心准备的，每位老师都展示了较高的教学水平。从几节常态课的反映情况来看，学校老师的教学教研水平很高。教师新课程理念新，教学经验丰富，学生的综合素质也很高。通过几节常态课的开设，我们有了更多向学校老师学习的机会。

大家来到跟岗学校，同为学生，既是同学，也是朋友，大家为了同一个目标而来。在一起的20天里，我们几个一起吃、住，一起学习、合作，一起交流、互补。虽说都是骨干教师，但不同地区的经济、教育情况不同，大家的认知、理念、水平还存在着一些差异。在一起的这段日子里，我们几个交流想法，互相了解，切磋技艺，互相促进，彼此指点，互相帮助，精诚合作，共同提高，融洽关系……大家珍惜在一起的每一天。学习，让我们走到了一起，给了我们更多学习的机会。

（三）加强学习，自我提升

1. 注重阅读，内修文气

在广州培训的时候，闫德明教授说“读书是最长远的备课”，我觉得很有哲理，很受启发。在这段时间，我开始有计划地阅读有关书籍，写读书笔记，在阅读中丰富自己的知识，提升自己的内涵。

2. 关注课改，更新理念

2011年版课程标准开始实施，我关注着十年课改的经验，关注当今数学教学的热点问题，认真学习课标的解读和教学建议。学习使我逐步更新了教育教学观念，了解了先进的教育科学基本理论，了解了现代教育观、学生观和学习观，了解了在教学活动中应遵循客观规律，调整自身的角色和教学方式，把素质教育贯穿学科教学的全过程。这次骨干教师培训班的学习，使我在思想政治与职业道德、教育教学能力与教育科研能力、终身学习能力和教育创新能力等方面的综合素质又有了一次新的提高，为自己今后的教育实践打下了基础。

3. 进入课堂，研究教法

在跟岗这段时间，我进入课堂听课20多节，上课2节，与导师和同伴一起研课、磨课，听导师的点评，与同伴互学，共同学习和提高。在准备自己的跟岗学习汇报课过程中，我反复研读有关资料，精心设计教学过程，认真推敲课堂的每一句话、每一个问题以及每一个环节可能出现的动态生成，充分考虑学生的年龄特点和学习兴趣，力争在汇报课中体现自己的教学风格和课堂特色。功夫不负有心人，我的课堂得到了学生的喜爱，得到了导师的好评，得到了同伴的赞许。

4. 反思总结，充实自己

跟岗学习，培训机构向我们提出了具体要求。例如，读书、上课、写教学反思、开展课题研究、写跟岗日记和学习体会，同时要求把学习反思和体会在自己的博客上发出来，这给我们带来一定的压力和动力。每天总结、反思、体会，我们忙得晕头转向。虽然很忙，但这些留下了我们跟岗学习的足迹，让我们感觉很充实。

四、感激与反思

能有幸被选拔为广东省教师工作室的主持人，能有幸得到黄教授及曾副教授的亲自指导，能有幸圆满完成首期跟岗学习的带岗工作，我心中充满了感激之情。一是感激导师及各级领导对我工作室的大力支持与关心，使得工作室有了明确的工作方向，拥有了基本的设备，可以良好地运行，圆满完成首批骨干教师的培训任务；二是感激各位跟岗教师对我工作的支持与肯定，感谢骨干教师们团结协作与共同分享的精神：从跟岗骨干教师身上，我感受并学习到了真诚、协作、向上的奋发精神；三是感激我的工作室成员在整个跟岗培训工作中，全力配合我的各项工作，使各项任务得以顺利完成，并且取得良好效果。

跟岗结束后，我也时常进行反思：现在的我，不能仅仅满足于做一名数学教师，还必须成为一个管理者、引领者、倾听者、发现者、学习者，所以我得不断地计划、协调、策划、组织、落实、选择、反思；要努力提升个人教育教学、理论研究的水平，在原有的基础上形成更为鲜明的教学风格；要带领教师做好课题研究，撰写好专题论文，积累第一手的教学教研资料，引领更多的教师实现教育教学理论的更新；要认真总结首次跟岗学习的经验，积累第一手的珍贵材料，为以后的培训工作打下更扎实的基础；等等。

最后，我想表达的是，成为主持人，让我拥有了一个更大的平台，这是上级领导、专家对我的鼓励与肯定，我非常珍惜这个难得的机会。所以，我会尽我所能，通过认真、勤勉、执着、踏实的工作态度与优良的作风，去圆满地完成各项培训任务。我相信，只要我们努力，我们的明天会更好！

2020年12月7日

实践促提升，任务促成长

——傅卓英教师工作室2015年第二期跟岗学习阶段培训总结

2016年5月16日，本工作室迎来了来自阳江、肇庆、揭阳和潮州的11位广东省跟岗骨干教师（2015年第二期）。在13天的跟岗学习中，我们除了完成省教育厅安排的培训任务外，还结合本工作室情况及所在学校的实际，安排了各种活动，于5月28日圆满结束了跟岗工作。回顾这13天的学习，虽然每天都忙碌、疲惫，但日子却过得充实、快乐。现将这段时间的学习工作情况总结如下。

一、准备篇——分工，明确职责

为了让本次跟岗任务顺利完成，作为主持人，我提前两周制定了《工作室跟岗培训计划》《工作室跟岗日常计划》，设计并印制了《省骨干教师跟岗听课记录表》《省骨干教师跟岗集体备课记录表》。完善工作室团队的建设，做好成员分工工作，明确主持人、工作室成员和学员在跟岗期间的任务要求，保证跟岗学习活动的顺利进行。

1. 主持人跟岗阶段完成的任务

（1）聘请工作室专家、成员，组建培训工作室团队，制定跟岗活动期间相关方案，保证培训工作顺利进行。

（2）召开跟岗工作筹备会，做好成员分工工作。

（3）联系外出交流学校、地点，做好交流活动的详细方案。

（4）联系专家、学员的住宿酒店，做好专家、学员的接待工作。

（5）联系有关领导、专家，举行跟岗开班仪式。

（6）指导、组织工作室成员及跟岗学员开展上课、评课、课例开发等教学教研活动。

（7）组织跟岗学员开展教育教学研讨系列活动。

（8）指导跟岗学员完成开题报告并主持开题报告会。

（9）指导、督促学员按时、按质、按量完成各项作业。

（10）跟岗学习结束前对学员进行考核。

2. 学员跟岗学习期间完成的任务

（1）教学实践：听评课不少于10节，上课不少于1节（含汇报课），听课需填写并提交听课记录，上课需提交教案及反思。

（2）撰写跟岗学习日志，详细记录各项培训活动、学习、观摩的收获和体会，择优上交5篇。

（3）根据自己的教学实际，确定自己教育教学研究的内容并开展研究工作，完成开题报告的撰写，并在导师的指导下完成部分研究工作。

（4）撰写1篇读书笔记，开发1节优秀课例（含教学设计、学案和上课录像），并根据该课例撰写1篇教学反思。

（5）写好跟岗学习的总结。

（6）在跟岗学习结束前，各个跟岗小组至少制作跟岗简报1期。

3. 工作室成员分工明确、职责分明

（1）主持人：负责工作室整体工作，全程对跟岗教师进行教学指导。

（2）主持人助理：负责协助主持人做好工作室在跟岗培训期间的相关工作及简报的制作。

（3）其他工作室成员：每人负责上一节教研课及参与评课等教研活动，协助、指导跟岗老师上好展示课，协助主持人整理资料及撰写报告。

二、教研篇——跟岗，全程指导

采取“教学示范—个人备课—集体备课—教学反思”的小组研课方式，学员们除了听主持人的示范课外，还听了工作室成员的教研课。每天听完课，大家就围坐在工作室里，由主持人主持，进行详细有效的评课活动。

1. 名师魅力课堂

5月17日下午第二节，工作室主持人在多媒体室上了示范课——《小数加减法的计算》。听课的有跟岗的学员及工作室成员。以下是跟岗学员在跟岗日志中对主持人示范课的评价。

傅老师在课前检查学生的学习用品，并表扬表现好的小组，鼓励话语，让学生快速进入上课的状态，而且培养了学生良好的习惯。傅老师抑扬顿挫的声调让学生感受到教师讲课的魅力，很有感染力，让学生快速投入教学中。放手让学生去发现问题、解决问题，让他们根据自己的认知进行类比、推化，体现学生的主体地位。在知识的核心部位，教师又能起到穿针引线的作用，发挥教师的主导作用。

傅老师整节课最大的亮点是能创造性地使用教材，设计大胆，让学生尝试编题，合作探究、交流，课堂气氛活跃。傅老师将“自主、迁移、转化”的教学思想渗透到整节课中。

学员在这节课里感受着名师的个人魅力，名师的精神面貌让大家如沐春风。课堂上清晰的各个环节让学员们感受着课堂的真实、完美。

2. 成员教研课各具特色

5月18日和19日这两天，傅卓英工作室成员均为跟岗学习的骨干教师上了教研课。工作室成员们课前认真备课，课上精彩呈现，课后互相研讨。有陈静槐老师的《同分母分数加减法》、吴广老师的《异分母分数加减法》、吴小敏老师的《平面图形的周长和面积》、王津老师的《找规律》和林妙贤老师的《搭配中的学问》等。老师们精心准备的教具、扎实的基本功、自然亲切的教态、简练的语言，给骨干教师留下了美好的印象。而且成员老师在课堂上很注重培养学生的数学素养，要求学生用规范的数学语言回答问题，让学生多做、多说、多应用，驾驭课堂的能力强，各个教学环节环环相扣，课堂气氛比较轻松，课堂效率很高。

主持人及工作室的成员为骨干教师上的示范课，让跟岗的骨干教师对于新课改的理解、课堂的驾驭、课程模式的探究有了进一步的认识。有教师分享了这样的感受：在傅卓英名师工作室里，她不用直接教我怎么做，只需让我们看到她及其工作室成员的老师是怎么做的。这种跟岗学习的培训方式非常好，我们每天都沉浸在名师的课堂里，沉浸在教学的思考中，收获多多。

三、实战篇——上课，尽显风采

5月24日和25日这两天，跟岗的骨干教师经过了个人备课、集体研讨、导师指导后，分别上了汇报课（上课期间，由工作室出资请专业团队进行拍摄，制作成录像课），有叶格兰老师的《异分母分数相加、相减》、邓凤清老师的《平面图形的周长和面积》、梁昭赛老师的《两位数加一位数（进位加法）》、陈炳秋老师的《搭配中的学问》、唐菁老师的《找规律》、冯仕弟老师的《整数加法运算定律推广到小数》、王钦水老师的《平面图形的周长和面积》、邱景生老师的《整数加法运算定律推广到小数》等。

每个教师的课都各有特色，较好地完成了教学任务。上课后主持人对各位教师的课及今后在教学中应注意的问题提出了自己的看法。总体看来，跟岗教师都能通过精心准备展示自己的教学风采，充分体现了这次跟岗学习的效果。

四、交流篇——搭建，开阔视野

为了开阔省骨干教师的视野，使他们学习先进的教育理念和借鉴先进的教学模式，进一步提高跟岗教师的教育教学水平，5月20日，跟岗骨干教师在主持人的带领下，来到潮州市潮安区城南阳光实验学校进行参观学习，受到学校校长的热情接待。

在蔡校长的带领下，教师参观了校容校貌、教室、各间功能室、食堂、学生宿舍等，在参观过程中，蔡校长介绍了校园文化建设、学生社团建设等相关工作，让教师感受到了该校的校本课程、德育工作理念和精细化管理。在参观过程中，浓厚的校园文化氛围、具有特色的办学理念和校园绿化、美化令人印象深刻，一个个精彩的画面深深地刻在老师的脑海里。

参观结束后，教师在蔡校长的带领下进入课堂听了两节生动的数学课，分别是五年级佃云洁老师的《分数和小数的互换》、一年级陈悦丹老师的《两位数减一位数、整十数》，两位老师的课都能注重对学生数学素养的培养，充分发挥学生的主体作用，教学理念新，注重合作、交流、探究，让听课的教师受益匪浅。

随后，我们在学校的教研活动室开展了评课活动。参加研讨交流活动的有开课的老师、学校的数学教研组成员、主持人及参加跟岗的省级骨干教师。研讨交流活动由蔡校长主持。开课的老师对这节课进行说课，主要从教学目标、重难点及教学反思等方面进行具体介绍。随后工作室的成员及跟岗学员分别从教师的教学水平、教材的处理、课堂的动态及学生对知识的掌握情况等方面谈了自己的观点。最后工作室主持人对这两节课的情况进行总结，对两位老师的课做了充分的肯定，认为她们教学理念新，能注重合作交流、操作探究。另外，主持人还根据教师提出的教学困惑给出了解决的方案。例如，如何在有限的时间里让学生充分探究，作业应如何设置，学习卡如何设置，等等。

本次交流学习不仅加深了骨干教师与兄弟学校的相互了解，增进了彼此的友谊，更重要的是使教师在参观和交流中开阔了视野、启迪了智慧，促进了教师多渠道、深层次、高质量的发展，使教师的教育教学工作再上新台阶。

五、课题篇——开题，以研促教

1. 高校专家指导课题研究

2016年5月17日，来自广东第二师范学院的曾小宁副教授莅临位于潮安区实验学校的傅卓英教师工作室，就如何开展课题研究对本次参加省级骨干教师跟岗培训的老师做了具体的指导，曾教授强调课题研究一定要来源于实践，进行反思、探索，以工作中出现的问题作为突破口进行研究。

工作室里洋溢着曾教授与跟岗教师交流的愉悦气氛。跟岗教师都能把自己在课题研究中所碰到的问题与曾教师交流，曾教授就选题，制定方案，如何撰写开题报告、结题报告等内容与教师进行交流，解教师的燃眉之急，为教师顺利开展课题研究开辟一片新天地。

2. 名师专题讲座指导成长

2016年5月26日上午，主持人为跟岗学员做题为“勤学善思——名师成长必经之路”的专题讲座。

在这次讲座中，主持人以生动的事例、幽默的语言向老师们讲述了自己从一位刚踏出师范的普通教师到成长为名师的经历，总结出自己的成功离不开两个因素：一是勤于学习，做到三个“必须”（必须有学习的意识，必须要广泛地读书，必须把读书与教学有机结合）；二是善于思考。作为骨干教师一定要养成反思的习惯。要做一名有思想的教师，就要让教学中、阅读中产生的思想不稍纵即逝，就必须学会整理，学会记录，学会提升，甚至学会批判，学会推翻，善于总结积累。主持人还向跟岗教师推荐介绍一些可以参考阅读的书籍，如《把整个心灵献给孩子》《傅雷家书》《心灵写诗——李镇西班主任日记》《怀揣着希望上路》《情到深处》等，解决了教师在实践中的一些困惑，最后还指出优秀教师的成长一定要具有积极主动的探索精神，有一份执着的坚守精神，使自己真正成为教育者。

主持人还让跟岗教师对自己的教学情况进行反思，讲出自己觉得最值得赏析的地方和存在的不足，每一位教师讲完后主持人都对这位教师的教学情况进行点评，指出其存在的不足及改进的措施。例如，来自潮州的唐老师，以前总是教高年级，但她这学年度所教的年级是一年级，虽然唐老师条理比较清晰，驾驭课堂的能力也比较强，可是对于一年级学生学习特点的把握度还不够，于是主持人告诉她在设计练习上一定要循序渐进，不断满足学生的学习需求，让更多学生积极地参与到课堂学习活动中来。

此次专题讲座，名师解惑，在愉悦的交流中进行，不仅为在座的一线教师的教学提出了许多可操作的建议，进一步推动了互动课堂，还使教师积极地反思和改进自己的教学工作，进一步激发了教师对数学教学的学习和研究热情。

3. 学员开题报告明确方向

跟岗期间，为了让课题的研究能够顺利进行，主持人和学员一起进行深入调查，讨论研究，确定要研究的内容，撰写并完善开题报告。5月26日，在工作室主持人傅卓英的主持下，来自不同地方的省级跟岗教师集中在一起，召开课题开题报告会。

在会议中，主持人先向教师介绍课题研究的有关知识：以促进每个学生的发展为宗旨，以新课程实施过程中教师所面对的各种具体问题为对象，研究和解决自己在教育教学过程中的实际问题，总结和提升教学经验，并努力改变自己的教育教学行为，它主要是教师针对自己教育教学中的实际问题和困惑进行的反思性实践研究，是行为研究，它重在解决实际问题，它不排除使用教育科学研究的方法，但重要的是学习、讨论、总结，实践成果也应主要体现在教育教学过程中，并能促进自己教育教学行为的转变。

随后，教师根据自己所开展的课题研究进行开题报告的汇报，教师所进行的课题研究有陈炳秋老师的“小学数学课堂教学中情境创设的有效性研究”，邓凤清老师的“以共生的课堂助推小学高年级数学图形与几何小组合作的探究”，冯仕弟老师的“小学数学课堂教学中培养学生良好学习习惯与培养学生素养的研究”，梁昭赛老师的“交互式电子白板在小学数学课堂中与传统板书的有效结合研究”，邱景生老师的“小学数学课堂有效教学的研究”，唐菁

“小学数学作业设计有效性的研究”，王钦水老师的“小学生数学素养培养的研究”，叶格兰老师的“多种教学手段下的计算教学与培养学生数学素养的研究”等。各位教师分别从课题选题意义、课题目标、研究的思路和方法、研究步骤与计划、人员分工、预期成果及课题研究的条件和基础等方面陈述了开题报告。

最后，主持人对教师的开题报告提出了三点建议：第一点是在课题研究中应增加国内外研究的现状；第二点是在课题研究中应细化研究策略；第三点是课题研究应从小处着手。这些建议让参加跟岗的教师茅塞顿开、豁然开朗。

来自揭阳市惠来县周田前湖小学的王钦水老师说：“傅老师逐一点评我们的课题，真诚地、专业地给我们提建议，给我们指明了完善、修改课题的方向，让我们再次受益匪浅。”

通过这次课题开题报告会，教师进一步明晰了课题研究的思路，增强了搞好教育科研的信心，更好地促进了自身教研能力的提高。

六、任务篇——积累，成果颇丰

1. 学员按质按量完成跟岗学习任务

每人听的评课均多于10节，显示出巨大的学习热情和好学精神；每人坚持每天撰写《跟岗日志》，上展示课并制成录像课，撰写1篇教学反思、1篇读书笔记，制作跟岗简报1期，交流课题研究开展情况及学习心得体会，等等。学员在学习中不断反思自身的教育教学观念，纷纷表示要逐渐形成自己的教学风格。同时，他们也和工作室成员结下了深厚的友谊，准备在今后的教学工作中继续交流，共同前进。

2. 工作室做好资料整理收集工作

在跟岗学习期间，工作室在主持人的带领下开展了一系列活动，学员们既完成了省教厅要求的跟岗学习任务，也参加了本工作室组织的各项活动。在此期间，工作室成员也认真做好资料整理、收集的工作，为主持人和每一位骨干教师建立成长档案袋，记录开展的每一项活动，并在跟岗结束前为骨干教师们每人刻录一个光盘，成为他们跟岗学习的档案袋。

七、反思篇——感激，不断提升

能有幸被选拔为新一轮广东省教师工作室的主持人，我心中充满了感激之情。感激各级领导对我工作室的大力支持与关心，使工作室拥有了基本的设备，可以良好地运行，圆满完成骨干教师的培训任务，今后我要不断地学习，以提升培训水平。

广东省傅卓英教师工作室

2016年5月30日

观摩、体验、交流

——傅卓英教师工作室2016年跟岗学习阶段培训总结

2016年10月31日至11月13日，潮州市潮安区实验学校傅卓英工作室组织为期14天的省级骨干教师跟岗培训，顺利完成培训任务。

参加这次跟岗培训的有4位省级骨干教师，分别是来自潮安区实验学校的王津老师，来自汕尾市陆河县河田镇河南小学的叶雪银老师，来自潮州市湘桥区实验学校的郑永东老师及来自潮州市枫溪区枫溪小学的佘伟敏老师。14天的时间虽短，可老师们在“乐学习、求发展、创特色、塑名师”的旗帜下，用全新的教育理念解读数学课程，用恰当的教学方法开展数学教学活动，用虔诚的心灵追求进行教育考察，用谦虚的求学态度聆听专家报告，在不断探索中前行，在培训实践中总结，在相互启发中提升，走出了一条优美的跟岗学习之路。

一、准备与任务

为了做好省级骨干教师的跟岗培训工作，傅老师做了充分的准备，提前两周制定《傅卓英教师工作室2016年广东省数学骨干教师跟岗学习安排表》。在跟岗培训之前，傅老师召开工作室全体成员会议，规划本次培训的任务，分阶段推进，同时，对每一天的工作都做了计划、进行了分工，确保具体落实到位，明确主持人、工作室成员和学员在跟岗期间的任务要求。完善工作室团队的建设，明确成员分工，保证跟岗学习活动顺利进行。

1. 主持人按要求完成跟岗学习期间的任务

（1）组建并培训工作室团队，制定跟岗学习活动期间的相关方案，保证培训工作顺利进行。

（2）主持人召开工作室成员与省骨干教师的见面会。

（3）组织工作室教师上示范课，指导跟岗学员上课、评课、课例开发等教学活动。

（4）组织跟岗学员开展教育教学研讨系列活动。

（5）指导跟岗学员完成开题报告，主持开题报告会。

（6）跟岗学习结束前对学员进行考核。

2. 学员跟岗学习期间的任务

（1）听评课不少于10节，上课不少于1节（含1节汇报课），并做好听课记录、评课记录。

（2）撰写5篇详细记录各项培训活动、学习、观摩的收获和体会的跟岗学习日志。

（3）根据工作室正在开展研究的省级课题，确定自己教育教学研究的内容并开展研究工作，完成开题报告，并完成导师指导下的部分研究工作。

（4）开发一节优秀课例（含教学设计、学案和上课录像），并写好教学反思。

（5）写好跟岗学习的体会和收获。

二、工作室成员分工明确、职责分明

（1）傅卓英：负责工作室整体工作的协调与落实。

（2）陈少莹：负责协助主持人做好工作室跟岗培训期间的相关工作及简报的制作。

（3）其他工作室成员教师：负责开发课例、上示范课，参与评课等教研工作，协助指导跟岗教师开展示课，协助傅老师整理资料、撰写报告。

三、过程与做法

11月1日上午，在潮州市潮安区实验学校二楼书吧举行的开班仪式打响了跟岗培训的第一炮。参加本次开班仪式的人员有本次跟岗培训的指导专家、潮安区实验学校的陈燕娇校长、姚壁浩副校长等领导，陈少莹等工作室成员及王津等省级骨干老师。傅老师对工作室的发展历程、培训安排等做了具体介绍，让学员们心中有数，有信心参加好本次培训工作，完成好培训任务。

1. 观摩阶段

（1）专家指点迷津。11月1日上午，工作室的指导专家陈燕娇校长为学员们做了具体的指导。陈校长主要从两方面进行指导：首先以自身的求学及工作经历展开介绍，接着，陈校长从学校的发展方面进行介绍，以此希望教师做一个有智慧、会思考、善思考的好教师，让教师在工作中不断自我完善，善于思考，善于推销，让自己有更多的价值，为教育事业奉献自己的光和热。

（2）名师引领示范。11月1日下午，省名教师工作室主持人傅卓英老师为参加骨干跟岗培训的老师及工作室成员上了一节优质的示范课，傅老师上课的内容是四年级上册的《垂直与平行》。

课前，傅老师做了充分的准备，检查学生的学习用品，并表扬表现好的小组，让学生快速进入上课状态，重视培养学生的良好习惯。

课中，傅老师的声调抑扬顿挫，富有感染力，让学生快速融入教学中。

在整节课的学习过程中，傅老师能注意到每个学生的学习状态，充分调动学生学习的积极性，对于小组合作过程中出现的问题，她细心观察，及时给予帮助。

课后，傅老师组织评课活动，这让听课的省骨干跟岗教师受益良多，尤其是为年轻教师指点迷津，促进了教师专业素质的提高，拓宽了教师专业成长的空间。

（3）骨干示范展示。11月2日至3日，在傅卓英老师的带领下，我校的吴小敏、陈静槐、吴广三位老师为跟岗培训的老师上了精彩的教学示范课。

课前，三位授课教师都根据自己所在班级的学生的年龄特点和发展水平，充分挖掘教材内涵，认真准备，精心设计每一个教学环节，在课堂上用自己独特的教学方式为老师们展示了精彩的教学活动。吴小敏老师上的课是六年级上册的《百分数》，陈静槐老师上的课是五年级上册的《可能性》，吴广老师上的课是六年级上册的《圆的认识》。

三节课充分展示了教师对教材的深层解读，展现了教师纯熟的课堂驾驭能力。课堂既灵动生成，又各具风格，给听课教师留下了深刻印象。

随后，傅卓英老师组织集体评课、议课，并从教学内容、教学方法等各方面做出精彩点评和精心指导，听课教师积极探讨，给执教教师提出宝贵意见，老师们大胆反思、主动学习、认真总结，使教研活动取得了良好的效果。

（4）名校交流学习。2016年11月4日，在傅卓英老师的带领下，省数学骨干跟岗教师到潮州市潮安区庵埠镇庵埠小学，参观庵埠小学的校容校貌，并且参加2016年潮安区小学数学教师优质课的观摩交流听课学习活动。

课堂上先进的教学理念、崭新的教法、灵活多样的教学手段给老师们留下了深刻的印象和启迪。通过学习，参加活动的老师开阔了眼界，提升了专业理论水平，并对数学学科有了更深刻的理解。

2. 体验阶段

11月8日，根据工作室学员跟岗学习活动安排，广东省傅卓英教师工作室年度省级骨干教师跟岗培训汇报课在一楼的多媒体教室举行。授课的老师分别是来自潮安区实验学校的王津老师、来自汕尾市陆河县河田镇河南小学的叶雪银老师、来自潮州市湘桥区实验学校的郑永东老师及来自潮州市枫溪区枫溪小学的佘伟敏老师。他们授课的内容分别是一年级上册的《11～20各数的认识》、四年级上册的《烙饼问题》、六年级上册的《圆的周长》及六年级上册的《百分数》。参加听课的老师是工作室主持人傅卓英老师、工作室成员及参加跟岗培训的省骨干教师。

在授课之前，老师们都做了充分的准备：用心钻研教程，虚心请教导师及指导老师，细心备好课，精心制作好课件，多次说课、磨课。

在授课过程中，每位教师都有各自不同的优势展现在听课教师面前，让听课的教师赞叹不已。王津老师的数学功底深厚，教学语言极具美感，教学设计精巧，教学过程一气呵成。叶雪银老师具有极高的数学专业素养，语言精练、启发性强，课堂容量大，训练有梯度。郑永东老师对教材吃得透、背得熟，善于创设情境，师生互动，衔接自如，知识点训练到位，突显了扎实的教学基本功。佘伟敏老师上课富有激情，能用“评书式”的语言感染和激励学生，教学目标突出，能抓住教学关键，将演示、引导、启发、训练、总结相结合，创设学习氛围，在课上真正充当“引路人”的角色，循循善诱，使得学生的探索热情始终高涨，语言抑扬顿挫而富有感情，教态自然富有亲和力，课堂气氛和谐融洽。

课后，学员们在傅老师的指导下还进行了评课、议课活动，大胆探索数学课堂教学。老师教得轻松，学生学得快乐。

3. 交流阶段

工作室成员和跟岗教师进行了读书交流和博客论坛交流。读书就是对话，在对话过程中，可能有不同的人的纠结出现在字里行间，其实是出现在自己的意识当中。最直观的是与作者对话，与作者所描述的那个时代对话，与作者不可捉摸的思想对话，但最深层次的、最实质的是与自己对话。

11月10日，傅卓英名师工作室的4位省级骨干教师在学校会议室召开课题开题报告会。会议由傅卓英老师亲自主持。

会前，为了让课题的研究能够顺利进行，学员们一起进行讨论研究，深入调查，确定要研究的内容，完善开题报告的撰写，在学中写，在学中做，在做中学。

会中，傅老师先向老师们介绍课题研究的意义，鼓励老师们多进行课题研究，研究和解决自己在教育教学过程中遇到的实际问题，促进自己教育教学行为的转变。

随后，老师们根据自己所开展的课题研究进行开题报告的汇报，他们的课题研究内容分别是：潮州市枫溪区枫溪小学佘伟敏老师的“在数的认识教学中培养小学生数感的实践研究”，潮安区实验学校王津老师的“在操作活动中训练数学语言，提高学生的表达能力”，汕尾市陆河县河南小学叶雪银老师的“小学数学课堂教学中创设问题情境的研究”，潮州市湘桥区实验学校郑永东老师的“小学数学微课的应用与建设”。4位老师分别从课题选题意义，课题目标，研究的背景、思路和方法，研究步骤与计划，人员分工，预期成果及课题研究的条件和基础等方面陈述了开题报告。

最后，傅老师对老师们如何开展课题研究提出了三点建议：第一点是在课题研究中应增加国内外研究的现状；第二点是在课题研究中应细化研究策略；第三点是课题研究应从小处着手。这些建议让参加培训的老师们茅塞顿开、豁然开朗！

这次课题开题报告交流会的召开让老师们进一步明晰了课题研究的思路，增强了老师们搞好教育科研的信心，更好地促进了老师们教研能力的提高，让老师们在研究中不断地成长。

四、效果与反思

广东省名师工作室的建立与建设是一项卓有成效的工作。从省教育厅相关部门，到华南师范大学基础教育培训与研究院，再到市区各级教育部门，各级领导对名师工作室的建设高度重视、大力支持。同时，在这次的省骨干教师培训中，我们的付出赢得了培训学员的广泛好评。学员均认为，这次培训不同以往，实实在在地学到了很多东西，真真正正地提高了教学水平和科研能力。

（一）历练一次有意义的培训

1. 培训阶段性突出，方向明确，成效显著

这次培训，工作室根据相关要求，结合自己的实际情况，精心设计培训流程，包括观课与讲座、体验上课、相互交流三阶段。从看人家上课、听别人讲座到自己准备教学设计、组织课堂教学，再到交流碰撞。大家心中明了每一个培训阶段的目标和做法，加上培训过程环环相扣、步步推进，每一个人都不可能全程做旁观者，不可能不全力以赴。因此，他们都觉得学有所成，经历了一次专业历练，在震撼性的体验中促进了专业化成长。

2. 促进工作室全体成员的一次进步

在培训过程中，工作室成员在提供示范教学和后勤服务的同时，也在与跟岗教师的交流、碰撞中审视自己的教学，寻找理论与教学实践的结合点，促进自己的更进一步发展。

3. 对主持人来说也是一次成长的体验

回顾这次培训，工作室主持人也受益良多，积累了不少培训经验：首先，及早制定工作室计划，争取资源支持；其次，借助外力，形成合力，团队优势明显；再次，亲力亲为，使学员有如家感觉；最后，不断与班长沟通，形成培训共识。

（二）引发了可持续的思考

本次跟岗我们也有更多的思考：培训实属于更高层次的内容，如没有学校的政策支持，恐难实施下去；效果取决于培训者的实力；如不信其道，效果将大打折扣；只有上级在体制等方面给予保证，才能有效持续下去。如何更好地协调好跟岗教师的教学与学习的关系？如何更好地发挥跟岗教师的辐射引领作用？如何跟踪跟岗的后续工作？这些问题的解决还需要我们共同去思考，从而使以后的跟岗工作更顺利、更有效。

2016年11月22日

勤学习，重交流，亲实践，广辐射

——广东省傅卓英名教师工作室中期建设成果展示

广东省傅卓英名教师工作室自成立以来，在各界同人的关心指导下，按照《广东省中小学名教师、名校（园）长工作室工作指南》的有关要求，致力于团队基础建设，注重知行合一、勤于实践、交流分享，积极探索优秀教学人才成长培养机制，培养德行双修的优秀教师队伍，带动区域辐射，促进基础教育优质发展。

一、建设理念

工作室以现代教育理念和先进的教育思想为指导，坚持“团队建设、教学研究、成果初现、名师培育、资源共享”，以“构建小学轻松数学课堂”为目标，以理论学习、教学研讨、课堂观摩、网络交流、专家引领为主要研修形式，按照“实基础—勤交流—重实践—广辐射”的模式积极主动地开展各项研修工作；依托团队成员集体智慧，创建教师学习、教学、教研、培训一体化的专业发展平台，打造教师校本教研、合作交流、成果展示、引领辐射的窗口，形成教学相长、互助共赢的教师专业发展网络共同体，全面提升教师队伍素质，提高教育质量。

二、“六重”特色建设

1. 重观摩学习，夯实基础

教师要想在专业上有所发展，必须要有夯实的理论基础。工作室根据省厅培养骨干教师的模式，先从观摩学习方面下功夫，一步一个脚印，踏踏实实地开展培训工作。

通过对研讨课、展示课、示范课、名师课的观摩，工作室引领骨干教师夯实课堂教学技能。两年来，工作室学员们观摩了全体工作室成员的研讨课、潮安区赖秋勇名师工作室的研讨课、潮州市教研联动的研讨课、北京市名师王化伦的示范课、江苏省名师强震球的示范课、广东省第十一届小学数学优质课展示观摩活动等。优秀的教师都是有思想的教师。善于反思交流对优秀教师、骨干教师来说非常重要。每次观摩学习后要求学员们积极撰写反思和学习心得，把观摩学习到的精髓内化成自我的东西，落实到平时的教学工作中去。

2. 重读书研修，积淀底蕴

如果教师不学习，教学、教研活动就会成为“无本之木，无源之水”。对一个教师来说，工作就是不断的学习，读书就是很好的备课，读书交流就是最好的分享和成长，因此，读书分享也是工作室研修形式之一。工作室的老师们在用心研读书本后都写下并分享难能可贵的读书心得：《基础数学》是我们知识储备的源泉，认真学习能帮助我们拓宽课堂的宽度，挖掘课堂的深度，延伸课堂的长度，提高数学课堂的有效性；《万物皆数》是一场关于数学的时空之旅，爱数学，永远不晚；“搞数学”永远不需要太多的“准备”。《小学数学名师教学艺术》指出：要笑着做老师，把阳光传递给每一位学生；蹲着看学生，学生每天都会回报你惊喜；乐着做同事，尽享工作带来的友情，不断吸收有助于自己成长的因素。读书，已成为工作室成员充实自我、提高水平的重要途径。

3. 重交流反思，取长补短

为了开阔老师们的眼界，在这一年多的时间里，工作室整合各种资源，广搭平台，组织多场“走出去请进来”活动。例如，组织学员们参加潮州市教研联动的听课及讲座学习，参加韩山师范学院广东省教师发展中心主办的粤东基础教育数学学科群“名师工作坊”的听课及讲座学习，和林木兰名教师工作室联合举办“广东省傅卓英、林木兰名教师工作室联合研修活动”，参加粤东第三届微课颁奖的讲座学习，参加第六届粤东基础教育论坛活动，参加广东省第一、第二批省级骨干教师培养项目第五次研修，参加“高品质工作室建设之南通样本研习活动——解密南通”的研习活动，等等。另外，工作室还请了工作室的指导专家——韩山师范学院的张磊老师到工作室为大家做现场指导。张磊老师为学员们做了题为“核心素养视角下信息技术融入数学课程的几点思考”的专题讲座，为只会埋头苦干的我们打开了一线理论的天窗。

4. 重亲身实践，应用提高

“纸上得来终觉浅，绝知此事要躬行”。理论知识终归是浅薄的，要想认识事物或事理的本质，还必须依靠亲身的实践，这样才能把知识变成自己的实际本领。在过去的一年多时间里，工作室组织学员们进行了“构建小学轻松数学课堂”的教学实践，10位学员共上了17节课：或是研讨课，或是同课异构，或是送教周边兄弟学校。这样的活动对提高教师教学能力、教研能力，对区域教学辐射都起到很好的作用，同时也对工作室课题“构建小学轻松数学课堂的教学策略”进行了有效研究。

工作室学员公开课一览表

黄玉玲	《商的变化规律》	《分数的意义》
苏雪英	《认识时间》	《9的乘法口诀》
巫丽霞	《认识几分之几》	《认识周长》
古淡娟	《认识几分之几》	《认识钟表》
麦映辉	《三角形的面积》	《圆的面积》
邢惟炫	《抽屉原理》	《对策问题——田忌赛马》
薛郁芬	《负数》	《百分数的认识》
谢沛娟	《平行四边形的面积》	
林丹璇	《植树问题》	
郑雪霏	《平行四边形的面积》	

5. 重送教下乡，辐射引领

为充分发挥名师工作室的辐射作用，引领乡村兄弟学校共同进步，根据工作室年度计划安排，工作室全体学员到庵埠镇郭陇小学、枫溪区瓷都实验小学开展“送课下乡”活动，两次活动共送课6节，内容为工作室成员上课、评课，主持人通过刚上的课例详述数学核心素养如何在课堂中落地生成。送课活动得到了送课学校的热烈欢迎，参加活动的不仅有学校教师，还有镇选派的骨干教师。“送课下乡”活动既促进了工作室成员教师的专业成长，又对各乡镇的小学数学教学教研起到了指导和引领作用。

6. 重教学相长，互助共赢

（1）组织微课制作培训活动，组织学员学习由工作室助理吴广老师主讲的微课制作讲座，再将学习成果有效运用到教学实践中，现在学员们都已比较娴熟地掌握了微课的制作方法。鼓励、指导学员们进行课例的设计、论文的撰写及参与各级部门组织的观摩评比活动。

（2）建立傅卓英教师工作室博客和微信公众号，辐射培训成果。主持人通过博客、微信建立网络空间，开展学科课程教学改革的在线研讨，以互动的形式与广大教师进行教育教学信息的交流，解答教师的学科教学问题，探讨解决问题的途径，实现名师工作室教育教学经验成果的共享。

三、课题研究

根据小学数学课程教学标准，工作室从教学实际、小学生的认知规律、研究的实用性出发，准确地把握了课题研究方向。以学生发展为主，注重学生的情感体验，制定并进行课题“构建小学轻松数学课堂的教学策略”的研究。以“三力”即吸引力——融洽的师生关系、调控力——愉快的课堂氛围、创造力——轻松的教学策略为研究内容。要求工作室所有成员根据所在学校的教学实际，确立子课题，通过各种手段和途径，研究如何激发学生的学习兴趣，让学生在愉悦的课堂体验中学习数学、享受数学，实现真正意义上的素质教育，推动教学策略的发展，提升教师教学能力和学生数学核心素养。

四、点滴成绩

两年来，工作室取得了可喜的成绩：工作室成员中被评为区优秀教师以上的有4人次，其中巫丽霞老师被评为“潮州市优秀教师”，麦映辉老师被评为“潮州市优秀少先队辅导员”。撰写的论文、教学设计获区级以上奖励共计15次，其中工作室助理吴广老师参加广东省小学数学优秀教学设计竞赛获一等奖；林丹璇老师撰写的论文获省一等奖；黄奕敏、麦映辉、邢惟炫老师的课例设计及论文代表潮州市参加广东省小学数学优秀教学设计交流活动。制作的微课或课件获区级以上奖励的共有4个，其中林丹璇老师的作品《平均数》获省三等奖。此外，邢惟炫老师被聘为广东省教育学会小学综合活动课程专业委员会理事，指导老师参加观摩、录像课比赛分别获省一、三等奖，德育研究项目获省三等奖；林丹璇老师指导老师参加说课比赛获省一等奖；麦映辉老师参加广东省中小学青年教师教学能力大赛荣获潮州市小学数学组二等奖；黄玉玲老师参加饶平区现场“课堂教学大比武”获小学数学组一等奖，在潮州市小学数学教师优质课观摩交流活动中获三等奖；郑雪霏老师2019—2020学年度所带的班级“桥东中心小学501班”被推荐为“湘桥区优秀班集体”。

工作室其他研修成员也取得了可喜成绩：网络成员中被评为区优秀教师以上的有5人次，其中马燕兰老师被评为“感动潮州十大最美教师”，陈伟璇老师被评为“潮州市优秀教师”；撰写的论文、教学设计获区级以上奖励共计17次；制作的微课或课件获区级以上奖励的共有3个。

工作室自建立以来，以科学系统的教学思想为指导，凝练富于成效的行动，用心打造以培养对象为核心的成长共同体的建设模式，使工作室所有成员抱团成长。工作室在今后的工作中将继续完善，借鉴其他兄弟团队的宝贵经验，努力实现培养道德优美、专业纯粹、能力过人、技术过硬的教师人才的目标，为教师专业发展提供优质服务。

2020年3月

第二章

勤耕耘 求创新

——用心打造教学设计课例

2

《角的分类》教学设计

【教学内容】

人教版义务教育教科书四年级上册第三单元42页。

【教学目标】

（1）使学生会根据角的度数区分直角、锐角、钝角、平角和周角，并知道直角、平角和周角的关系。

（2）初步培养学生自主探索的学习能力。

（3）通过观测操作学习活动，让学生经历平角和周角的形成过程，并根据角的度数加以区分。

（4）让学生体会数学知识与生活实际的紧密联系，激发学生学习数学的兴趣。

【教学重点】

区分直角、锐角、钝角、平角和周角。

【教学难点】

培养学生自主探索的能力。

【教学用具】

各种角。

【教学过程】

（一）创境引入

同学们，今天很高兴能跟大家共同学习。让我们先来欣赏一段舞蹈，好不好？请大家多注意演员手上的东西。（放课件）演员手上有什么？（扇子）扇子不断地打开、合上，你从中发现了什么数学知识？请我们的老朋友聪聪为我们介绍吧。

（二）探究学新

1. 学习例2

（1）（放课件）这是什么角？（板锐角）你怎么知道是锐角？

（2）（放课件）这是什么角？（板直角）直角有多少度？

（3）（放课件）这是什么角？（板钝角）你怎么知道是钝角？

（4）（放课件）这是什么角？（画、板平角）平角有多少度？为什么？（点课件）大家一起读一下。

（5）还有新朋友吗？（放课件）生介绍周角，师用教具演示并板书周角的画法（板周角），（点课件）大家一起读一下。

（6）我们来看聪聪还有什么问题。（点课件）生介绍生活中的平角、周角。

（7）让我们来看一下这个题目：

①下图中哪个是平角（课件）？为什么？

②下图中哪个是周角（课件）？为什么？

2. 学习例3

（1）真棒！我们把角分成几类了？分别是什么？那它们之间有什么关系呢？请各小组拿出老师分发的探究卡，分组合作完成。（完成后汇报，师点课件）有什么关系呢？别的组有不同的说法没有？

（2）接下来我们来看这幅图。我如果想知道这四个角的度数，该怎么办？四个角都要量吗？现在老师量出角1是130度，请大家开动脑筋，算一算其他三个角各是多少度。算好的同学把你的想法跟组里的同学说一说。（生汇报，师点课件）还有什么发现？

（三）巩固新知（视时间灵活处理）

（1）下面各角是哪一种角？

（2）把下面的角的度数分别填在适当的圈子里。

（3）说出下面的度数的角是什么角。（8个）（抢答）

（4）看图填一填。

（5）时针和分针组成的是什么角？（5个）

（6）判断。

（7）图中的角各是哪种角？

（8）三角板上的角各是哪种角？

（9）五角星上有哪些角？

（四）总结

同学们，这节课你有什么收获？

（五）布置作业

略。

《可能性》教学设计

【教学内容】

义务教育课程标准实验教科书《数学》三年级上册P104 ~ 105《可能性的认识》。

【教学目标】

1. 知识技能目标

使学生能初步用“一定”“可能”“不可能”等词语描述生活中一些事情发生的可能性。

2. 过程方法目标

通过活动，学生初步体验有些事情的发生是确定的，有些事情的发生是不确定的。

3. 情感态度目标

培养学生学习数学的兴趣，形成良好的合作学习的态度。

【教学重难点】

体验事件发生的确定性和不确定性。

【教具准备】

课件、纸盒、扑克牌、乒乓球。

【教学过程】

（一）创设情境，引入课题

（1）同学们喜欢玩游戏吗？都喜欢玩什么游戏？这节课我们也一起来玩游戏，好不好？

（2）首先，我们玩的第一个游戏是抽扑克牌，大家都知道扑克牌的四种花色分为了两种颜色。猜一猜，如果抽一次，你可能抽到什么颜色？尝试抽牌：让几个学生每人抽一次牌，对比抽牌结果和猜想。（通过活动，使学生明白这里的红色和黑色都有可能被抽到，没有哪一个一定会被抽到。）

（3）揭示课题。我们在抽牌之前只能猜测，抽出来的可能是红色，可能是黑色，这就是一种“可能性”。（板书：可能性）

（二）自主探索，获取知识

1. 教师出示一个空的盒子，把几个白球放进盒子里

问：从这个盒子里会摸出什么颜色的球？生……（多次）

问：为什么？生……

师：我们来实际摸摸，验证一下。（可以多摸几次）

问：如果再请同学摸下去，结果会怎样呢？生……

师：刚才我们观察到放进去的都是白色的球，所以摸到的一定是白色的球。（板书：一定）

2. 教师再放进去两种其他颜色的球

问：现在你知道里面有什么颜色的球吗？生……

问：现在一定能摸出白色的球来吗？生……

问：为什么？生……

问：那你们猜猜，会摸出什么结果？（让学生实际摸几次）

师：我们刚才摸到的可能是……可能是……，只能用“可能”。同意吗？（板书：可能）

问：那我们可能从2号袋子里摸出别的颜色的球来吗？生：……

问：为什么？生……

（板书：不可能）

3. 学习课本P105例1

打开课件，出示例1内容。（小精灵出示两个盒子：一个装的都是红球，一个装的是彩球。）

（1）在哪个盒子里肯定能摸出红球？为什么？

（2）在哪个盒子里不可能摸到绿球？为什么？

（3）在哪个盒子里可能摸出绿球？为什么？（多改变一下题型）

师：我们通过玩一玩、猜一猜、说一说，学会了用“一定”“可能”“不可能”来表述各种情况，在我们的生活中，有些事情也存在着这种可能性。

4. 学习课本P105例2

师：老师带来了生活中的几个例子，现在让我们一起来看看，好不好？（出示6张图片）现在大家进行小组讨论，一起合作，解释这6种现象。（一组汇报一种现象）

（三）巩固认知，拓展延伸

师：现在我们把这6种现象都解决了，看来同学们都能很好地解决问题，但是我们只是“说一说”，如果让我们大家来“画一画”，可以吗？课件出示按要求涂一涂。（出示图片，每人一张）

（1）让学生自己动手涂。

（2）展示出学生的作品。

（四）课堂小结

（1）通过这一节课的学习，你有什么收获？和大家分享分享。

（2）请你用我们刚才学到的“一定”“可能”“不可能”其中的一个描述我们身边的事情。

生：……

（五）课后作业

（1）练习二十四，第1题。

（2）利用课后搜集资料，找出生活中还有哪些可能性。

板书设计：

可能性

一定　√

可能　○

不可能　×

《可能性的大小》教学设计

【教学内容】

义务教育课程标准实验教科书《数学》三年级上册P106 ~ 107《可能性的大小》。

【教学目标】

1. 知识技能目标

使学生进一步体验不确定事件，认识事件发生的可能性是有大有小的。

2. 过程方法目标

经历事件发生的可能性大小的探索过程，初步感受随机事件发生的统计规律。在活动交流中培养合作学习的意识和能力。

3. 情感态度价值观目标

感受数学就在自己身边，体会数学学习与现实的联系。进一步培养学生的求实态度和科学精神。

【教学重难点】

重点：学生通过实验操作、分析推理认识事件发生的可能性有大有小。

难点：利用事件发生可能性的大小的知识解决实际问题。

【教具准备】

课件、纸盒、袋子、棋子、记录表、塑料蝴蝶。

【学具准备】

水彩笔（红色和蓝色）。

【教学过程】

（一）创设情境、温旧引新

师：同学们，上节课我们已经学会了用“一定”“可能”“不可能”（边说边出示课件）等词语来判断事情发生的结果。那请你来判断这3幅图。（课件出示3幅图）第一，熊猫会飞。谁来判断？第二，正方形的边长相等。谁来说？第三，吃饭时，人用左手拿筷子。谁来判断？

导语：吃饭时，用右手拿筷子的请举手；用左手拿筷子的请举手。吃饭时，用右手拿筷子的人多，用左手拿筷子的人少。说明吃饭时，人用右手拿筷子的可能性大，用左手拿筷子的可能性小。今天老师就和大家一起来探究不确定事情发生的可能性的大小。（指板书）

老师请大家来做一个摸棋子游戏，相信你一定有新的发现。

（二）分组实验、探究新知

1. 教师示范

（1）师：每个袋子里都装有形状、大小一样的红棋子和绿棋子。摸出一个棋子，可能是什么颜色？（可能是红色的，也可能是绿色的。）

（2）师：每个同学要轮流从袋子里摸出棋子，（教师示范）如果摸到红棋子，（出示统计表）小组长就在统计表红棋子这一栏用“正”字做记录。然后把棋子放回去，把袋子摇晃一下，下一个同学继续摸。每人轮流摸3次。听明白了吗？好，开始实验。

2. 学生摸棋子

略。

3. 汇报、讨论

（1）师：好，实验停止！各小组长赶快统计。

（2）师：现在请小组长来汇报你们组的情况。第1组，你们组摸出红棋子几次？绿棋子几次？

（3）教师登记次数。

（4）师：请大家来观察摸出红棋子和绿棋子的次数，（指板书的数据）你发现了什么？

（我发现，每组都是摸出红棋子的次数多，摸出绿棋子的次数少。）

（5）师：摸出红棋子的次数多，我们就说摸出红棋子的可能性大；摸出绿棋子的次数少，我们就说摸出绿棋子的可能性小。

（6）师：我有疑问了，为什么都是摸出红棋子的次数多，摸出绿棋子的次数少呢？谁能解答这个疑问？（可能袋子里的红棋子多，绿棋子少。）

（7）师：是这样吗？请大家把棋子倒出来数数看是不是这样。

红棋子几个？（4个）（板书：4个）绿棋子呢？（1个）（板书：1个）

（8）师：红棋子真的比绿棋子多。

（9）师：大家真聪明！你们发现的可是一个数学规律哦！

课件出示：

红棋子的数量多，我们摸出红棋子的可能性大。

绿棋子的数量少，我们摸出绿棋子的可能性小。

师：请大家一起把这个规律说一说。

4. 深化结论

（1）师：如果再摸一次，摸出哪种颜色棋子的可能性大？为什么？（因为红棋子的数量多）

（2）小结：同学们，通过刚才的学习，我们知道了不确定事件发生的可能性是有大有小的。

红棋子的数量多，摸出红棋子的可能性大。绿棋子的数量少，摸出绿棋子的可能性小。

导语：大家发现了这个规律，那么你们能不能运用这个规律呢？我们一起来完成课本106页的“做一做”。

5. 练习巩固

（1）师：请大家看这个转盘，把这个圆平均分成几份？黄色占几份？红色呢？转动这个圆盘，指针停在哪种颜色上的可能性大？为什么？（因为黄色占的份数多）

师：请看另一个转盘，同样转动这个圆盘，指针停在哪种颜色上的可能性小？为什么？（因为黄色占的份数少）

（2）完成练习二十四的第4题。

师：大家回答得非常好！老师还知道我们班的同学涂色很厉害，我们来进行一个涂色游戏好不好？（课件出示“我会涂”）先一起读出题目要求。请把老师为你准备的学习卡拿出来涂色吧。

（学生涂色）谁来把你的成果展示给大家看看？

（三）知识迁移、拓展延伸

导语：看来我们的同学真的会运用这个规律了。

（1）师：空盒子里先放了7只黄蝴蝶，再加入4只蓝蝴蝶。

大家猜一猜：摸到哪种颜色蝴蝶的可能性大？（指名回答）

（2）师：如果想摸到蓝蝴蝶的可能性大，我们该怎么办？

生：……

师：还有其他方法吗？

（3）师：老师再放进1只红蝴蝶，现在盒子里有几种颜色的蝴蝶？（课件出示例题4）

想一想：摸出一只蝴蝶可能是什么颜色？

生：……（可能是黄色、蓝色或红色）

猜一猜，摸出哪种颜色蝴蝶的可能性最大？为什么？（因为黄蝴蝶的只数最多）

摸出哪种颜色蝴蝶的可能性最小？为什么？（因为红蝴蝶的只数最少）

（4）大家想不想来摸一摸蝴蝶呢？（学生摸蝴蝶）我们知道摸到红蝴蝶的可能性最小。如果一次就被你摸到了，这就是一种偶然现象。

（5）课件出示结论：

黄蝴蝶的只数最多，摸出黄蝴蝶的可能性最大。

红蝴蝶的只数最少，摸出红蝴蝶的可能性最小。

（6）帮助“小精灵”解决问题。

同学们，小精灵看到大家已经学会了判断不确定事件发生的可能性的大小，它想挑战你们，大家敢接受它的挑战吗？（课件出示“小精灵”问题）我要闭着眼摸出绿球，在哪个箱子里更容易摸到？为什么？

（四）解决生活中的问题

导语：大家成功地完成了“小精灵”的挑战，老师非常高兴，说明同学们

学得很棒！其实，这些知识还可以帮助我们解决生活问题呢。（课件出示生活问题）

（1）阴天图。（师：大家请看，有一天，小丽看见天阴沉沉的，小丽说：“今天一定会下雨！”听了小丽的话，你同意她的说法吗？生：……师强调：天阴沉沉的，不一定会下雨，只能说下雨的可能性大。）

（2）百货商店。（师：请大家继续来看，星期天，小红和她妈妈上百货商店，正赶上商店在搞抽奖活动。好，一起来把这个读一读。小红也进行了抽奖，如果中奖了，小红中哪种奖的可能性最大？为什么？中哪种奖的可能性最小？）

（3）举例说明生活中事情可能性的大小。

师：其实在我们的生活中有些事情发生的可能性大，有些事情发生的可能性小。老师想让大家把你知道的例子说出来，让我们一起分享，好吗？

（五）畅谈收获、布置作业

（1）同学们，学完这节课有什么收获？你学会了什么？那你感觉怎么样？

（2）最后，我们来看一个实验作业，回家找一枚1元硬币，高高抛上去，每抛一次，记录哪面朝上。注意：抛的次数要尽可能多！

第2个作业，完成课本109页第4题的第（2）小题。记住了吗？

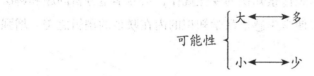

板书设计：

可能性的大小

可能性 { 大←→多
　　　　 小←→少

《平行四边形面积的计算》教学设计

【教学内容】

人教版小学数学第九册第三单元第一课时《平行四边形面积的计算》。

【教学目标】

1. 知识与技能

使学生知道平行四边形面积计算公式的推导过程，理解并掌握平行四边形面积计算公式，能正确地计算平行四边形的面积。

2. 过程与方法

使学生在操作中经历计算公式的推导过程，进一步发展学生思维，发展学生的空间观念，培养学生运用转化的思考方法解决问题的能力。

3. 情感态度与价值观

引导学生运用转化的思想探索知识的变化规律，培养学生分析问题和解决问题的能力；演示和操作，使学生感悟数学知识的内在联系的逻辑之美，增强审美意识。

【教学重难点】

重点：理解并掌握平行四边形面积的计算公式。

难点：平行四边形面积公式的推导过程。

【教学过程】

（一）创设情境，导入新课

同学们，今天老师给你们带来一个老朋友。看一看它是谁？（师拿出长方形教具）它的面积等于什么？可是我们这个老朋友很不禁碰，一拉它就变了脸。瞧！变成了什么图形？（平行四边形）平行四边形的面积如何计算呢？老师今天非常愿意和同学们一起来探索这个问题，大家愿意吗？

（二）启发导学，引发猜想

教师操作课件出示课本数方格的例题，引导学生填写练习卡，说出练习卡中平行四边形和长方形的联系。（板书：长方形的面积＝长×宽、平行四边形的面积、底、高）

学生小组合作填写练习卡中的题目：①左图平行四边形的面积是（　），底是（　），高是（　）；②右图长方形的长是（　），宽是（　），面积是（　）；③我发现……

本环节让学生用数方格的方法数平行四边形的面积，计算长方形的面积，体会两种方法的难易之别，理解现实中不可能每个平行四边形都用数方格的方法来计算面积，从而促使学生探索一种计算的方法。直观感知两个图形的联系，引发对平行四边形面积的计算方法的猜想。

（三）动手操作，验证猜想

下面我们做个实验来验证这种猜想。请同学拿出准备好的平行四边形，把这个平行四边形剪一剪拼一拼，试试看能不能拼成一个长方形。剪拼好的同学思考：平行四边形的底变成了长方形的什么？平行四边形的高变成了长方形的什么？这个长方形的面积和原来平行四边形的面积相等吗？把你的想法先与你的同桌说说谈谈、讨论讨论。师点击课件播放轻柔音乐，显示学生思考的问题。（巡视，粘贴一个平行四边形和学生用两种不同方法拼成的长方形，把平行四边形的面积公式板书完整。）

请学生打开课本第65页完成实验后面的填空题。课件播放推导平行四边形面积计算公式的过程及其字母表达式，让学生观看课件演示公式推导过程，学习字母公式，跟读字母公式。让学生在写、看、听、读中进一步理解掌握平行四边形的面积计算公式，学习字母公式。

本环节让学生动手操作，主动探索规律，领会转化的过程，理解平移的含义，进一步促进学生空间观念的发展，培养学生动手操作能力。让学生在活动中探索新知、掌握新知，调动学生学习的主体能动性，发挥协作精神。

（四）实践应用，反馈交流

（1）从“平行四边形的面积＝底×高”可以看到要求一个平行四边形的面积得先知道什么条件？下面我们就运用公式来解答一些实际问题。（课件显示）像解答例1这样的题目应该注意什么问题？计算平行四边形的面积要注意找好底和底边上的高。（教具演示，让生尝试完成本题目。）

（2）课件出示课本第66页“做一做”第1题前两个图形，计算，比比谁做得又快又对。再完成第2个图形，适当增加题目难度：已知面积和另一条底求高，让学生能够把学到的知识进行灵活变化，发展学生的思维能力。

（3）操作课件，显示地、树，平行四边形、底、高、题目要求；问：谁有办法让农民伯伯知道地有多大？为什么？这样量可以计算吗？这样量呢？从这里可以看到种植果树也用到了数学知识，所以我们要好好学好数学，今后才能更好地解决更多的生活问题。

（五）全课小结

引导学生看板书，操作课件。问：这节课大家学会了什么？平行四边形的面积可以怎样计算？这个公式是怎样推导出来的？

（六）作业布置

（1）练习十六第2题。

（2）量出你身边平行四边形物品的底和高，计算出面积。

（3）思考练习十六第11题。重新把学具拼回平行四边形，量出底和高，计算平行四边形的面积。

板书设计：

平行四边形面积的计算

长方形的面积 ＝ 长 × 宽

‖　　‖　　‖

平行四边形的面积 ＝ 底 × 高

《平行四边形和梯形》教学设计

【教学内容】

义务教育课程标准实验教科书《数学》四年级上册70～71页例1及相关练习。

【教学目标】

（1）认识平行四边形和梯形，掌握平行四边形和梯形的特征；理解长方形、正方形是特殊的平行四边形。

（2）培养学生动手操作能力，发展空间思维能力。

（3）通过活动，让学生从中感受到学习的乐趣，体会到成功的喜悦。

【教学重难点】

（1）重点：掌握平行四边形和梯形的特征。

（2）难点：理解平行四边形、长方形、正方形三者之间的关系。

【教学准备】

师：课件、板书图片。

生：《课前小研究》、直尺、三角板、剪刀、平行四边形和梯形剪纸各一个、七巧板、椭圆图片。

【教学过程】

（一）激趣促思

（1）同学们，在三年级的时候，我们已经学过四边形了，在我们校园里有没有什么物体是四边形的呢？我们来找找看。（出示课本情景图）你发现了哪些四边形？在哪？（生答，师用课件显示出相对应的四边形。）

（2）这些四边形有什么共同的特点呢？（课件出示：四条直的边，四个角。）

（二）导做促学

1. 探究四边形的分类

（1）现在请大家拿出预习作业《课前小研究》，第一题画一画：画出形状和大小不同的四边形，并标出你知道的图形的名称。（师出示课件《课前小研究》）谁来说说你画出了哪些四边形？还有没有补充的？

（2）四边形可以分成几类？把你的想法跟小组同学交流一下。（生交流汇报）

（3）大家都说得很好，请大家打开课本71页，我们来看看小精灵又是怎样分类的。（指导看书）长方形和正方形在三年级我们已学过，它有什么特征呢？（生答）那平行四边形和梯形又有什么特征呢？接下来我们一起来进行探究。（板：平行四边形和梯形）

2. 探究什么是平行四边形、什么是梯形

（1）小组合作探究。

① 请大家拿出直尺、三角板对课本71页的平行四边形、梯形这两种图形的边进行探究。看看它有什么特征，把你的发现在组里说说。（师点课件，贴图形。）

② 学生操作学具探究，教师巡视指导。（生先操作，再交流。）

③ 你发现了什么？梯形呢？（学生汇报，师板书）是不是所有的平行四边形和梯形都有这个特征呢？请大家拿出课前准备的平行四边形和梯形，用直尺和三角板对它们的边进行验证，看看是不是也有这个特征。（生验证，再次回答）请大家看大屏幕。师用课件演示揭示概念：两组对边分别平行的四边形叫作平行四边形，只有一组对边平行的四边形叫作梯形。（让学生齐读）

（2）小结。（判断辨析）

好，接下来我们来进行判断辨析。请判断以下图形，哪些图形是平行四边形？哪些图形是梯形？为什么？3、6为什么不是？现在我们来进行抢答。老师说一些图形的特征，如果你知道是什么图形，你就站起来抢答好不好？

① 有一个图形，它有4条直的边、4个角，它是什么图形？

② 这个四边形，它只有一组对边平行，它是什么图形？

③ 如果这个四边形，它的两组对边分别平行，它是什么图形？

④ 如果这个四边形，不仅两组对边分别平行，而且4个角都是直角，它是什么图形？

⑤ 如果这个四边形，不仅两组对边分别平行，4个角都是直角，而且4条边都相等，它是什么图形？

3. 探究正方形、长方形和平行四边形的关系

（1）在三年级的时候我们学过正方形是特殊的长方形。为什么？（因为正方形具有长方形的特征，而正方形还有长方形所没有的特殊的特征。）

（2）现在我们学了平行四边形和梯形，我们也能说：长方形和正方形可以看成是特殊的平行四边形。为什么？在小组里说说。（因为长方形和正方形都具有平行四边形的特征，长方形和正方形还有平行四边形所没有的特殊的特征。）（课件演示）那正方形、长方形、平行四边形可以看成特殊的什么？为什么？梯形呢？为什么？

（3）如果用两个椭圆形来表示它们，大的应该是什么？小的是什么？它们的关系可以这样表示。（在黑板上贴上如下图片）

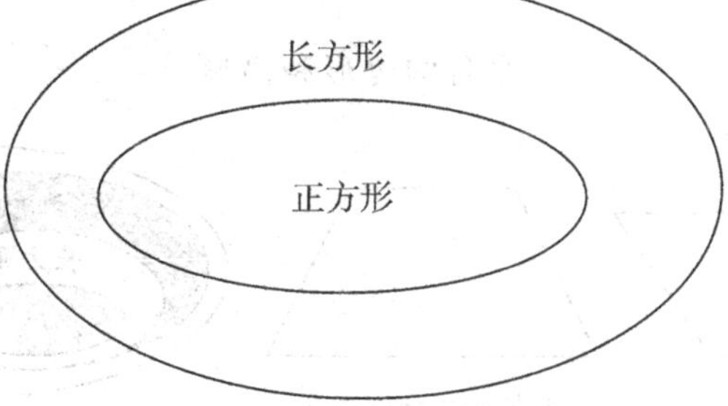

四边形关系图

刚才老师用这两个椭圆表示长方形和正方形，它们的关系可以用这种图来表示。如果我们再用三个椭圆来分别表示平行四边形、四边形和梯形，那这五种图形该怎样叠放呢？请各小组长拿出课桌底下的五个椭圆，小组合作完成这个图。（生交流完成后上台展示，并说明理由。）

（4）知道了这些四边形的关系，现在我们来判一判。我们通过打手势来进行判断。（生判断，师让其说明理由。）

（三）创境促用

（1）我们来说说今天所学习的平行四边形和梯形在生活中有什么应用？（生先举例，师再用课件演示。）

（2）我们的生活中充满了平行四边形和梯形。正是因为有了它们，我们的世界才变得如此美丽而神奇。接下来我们来动手剪一剪，好不好？打开课本第73页，练习十二第3题。（读题）拿出平行四边形和梯形纸片，先画一画，再剪一剪，然后在小组里交流，看看有什么不同的剪法。（生合作交流后上台汇报展示，各小组要汇报不同剪法，最后师用课件演示各种剪法。）

（3）拼一拼。课本第74页练习十二的第6题。

各组拿出七巧板，在组长的安排下合作完成。完成后小组上展示台展示作品。

（四）畅谈收获

同学们，这节课你有什么收获？

（五）布置作业

课本练习十二第9、11题。

板书设计：

平行四边形和梯形

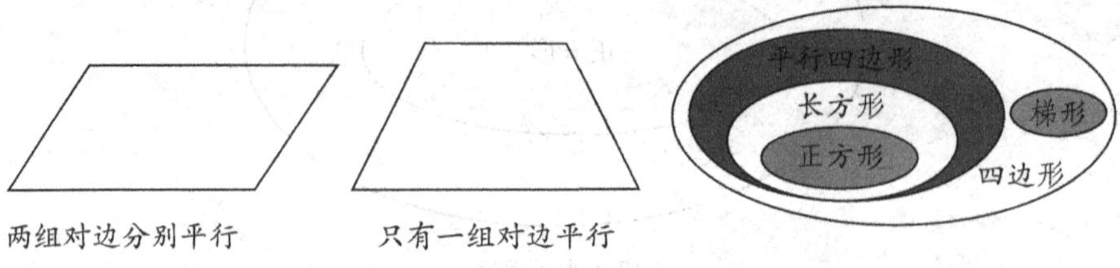

《平行与垂直》教学设计

【教学内容】

人教版教科书四年级上册56～57页第五单元第一课时。

【教材简析】

本节课内容是在学生学习了直线及角的认识的基础上进行教学的，是认识平行四边形和梯形的基础。垂直与平行是同一平面内两条直线的两种特殊的位置关系，在生活中有着广泛的应用。教学时让学生感知生活中的垂直与平行的现象，初步理解垂直与平行是同一平面内两条直线的位置关系，发现同一平面内两条直线的位置关系的不同情况，初步认识垂线和平行线，并通过一系列的数学活动使学生的空间想象能力得到进一步的发展。

【学情分析】

学生已经掌握了直线、角的基础知识，并且学生在日常生活中也能看到一些垂直与平行的现象，学生具备一些简单的分类思想，能够在实际的操作活动中进行分析、思考，这也为学生进行自主探究学习提供了可能。

【设计理念】

课程标准强调“空间与图形”的学习过程要注重发展学生的空间观念，而空间观念是从现实生活中积累并在经验活动的过程中逐步建立起来的。本课主要通过观察、讨论、操作、交流等活动让学生去感知、理解、发现和认识垂直与平行的概念。首先创设纯数学研究的问题情境，用数学自身的魅力感染学生；以分类为主线，学生通过自主探索，体会同一平面内两条直线间的位置关系；在知识探究的过程中完成自主探究意识与空间想象能力的培养。

【教学目标】

1. 知识目标

初步理解垂直与平行是同一平面内两条直线的两种位置关系，认识平行和垂直的现象，能在生活中发现垂直与平行现象的应用。

2. 能力目标

培养学生的空间观念及空间想象能力，积累数学活动经验。

3. 情感目标

培养学生热爱生活、爱学数学的兴趣。

【教学重难点】

重点：正确理解“相交”“互相平行”“互相垂直”等概念，发展学生的空间想象能力。

难点：正确理解相交现象（尤其是对看似不相交而实际上是相交的现象的理解）。

【教具学具】

课件、白纸、彩笔、磁粒、教鞭、三角尺、小棒。

【教学过程】

（一）简单导入

同学们，前面我们已经学习了直线，那大家知道直线有什么特点？今天我们继续学习直线的有关知识。

（二）操作学新

1. 认识“平行”

（1）操作。每个同学都有这样一张纸，我们把它平放在课桌上，摸一摸什么感觉？所以我们就说它是一个平面，想象一下，这个面变大了，能想象出来吗？（能）请同学们闭上眼睛，一起来想象一下。这个面变大了，又变大了，变得无限大。在这个无限大的平面上，出现了一条直线，又出现了另一条直线，你想象这两条直线是什么样的吗？睁开眼睛把它们用水彩笔画在纸上。（生画）举起来，互相看看，画得一样吗？（不一样）给我看看，想不想贴在黑板上？有没有补充？

（2）讨论：同学们的想象力可真丰富，在同一平面想象两条直线，竟然出现了这么多不同的样子，真不简单。仔细看看，能不能给它们分分类？为了方便，我们给它们编上号，前后四人讨论一下，哪几号作品可分为一类？①请在小组内交流如何分类。②记录你们组分类的结果和标准。

（3）汇报。请一组学生上台汇报，然后其他学生进行评论并纠正。（一般情况下会分为三类：①交叉的一类；②快要交叉的一类；③不交叉的一类。）对于②类，老师应让学生先想象能不能交叉，再上台画。引导学生发现：虽然没有把交叉的部分画出来，但交叉的部分依然存在，既然存在，那么它也属于交叉。

师：现在我们把黑板上的作品分为了两类，这一类是两条直线相互交叉在一块了，就叫作“相交”。（板书：相交）

（4）揭示概念。

① 剩下这组直线有什么特点？怎样证明它们不会相交。（证明方法：量一量左右两边是不是一样宽）再画长点会不会相交？为什么？由此你们可以得出什么结论？师或生：不管怎么延长，这两条直线是永远不会相交的。（板书：不相交）师：在同一平面内（板书），任意画两条直线，会出现几种情况？（2种）一种是相交，一种是不相交。

② 像这样两条永远不相交的直线叫什么呢？（课件）生读，再打开课本56页，画出有关知识。（在学生汇报的同时板书：互相平行）

③ 质疑。“同一平面”是什么意思。“互相平行”为什么要用“互相”？问：两条直线互相平行必须满足哪些条件？（在同一平面内和不相交）

④ 大家再来看屏幕，引导学生通过屏幕学习平行线的写法和读法。

（5）你能举出生活中一些有关平行的例子吗？生答后师出示课件。

2. 认识“垂直”

（1）揭示垂直的概念。

我们再来看看，在同一个平面内，这两条直线是什么位置关系？（相交）

相交所成的角是什么角？你怎么知道是直角？那你来量量。（生上讲台量）另外三个呢？为什么不用量？

这两条直线相交成了直角，我们就说这两条直线互相垂直，其中一条直线叫作另一条直线的垂线，这两条直线的交点叫作垂足。（课件出示，生读，画书）

（2）我们再来看看垂直怎么写。（课件出示）

（3）你能举出生活中一些有关垂直的例子吗？

3. 揭示课题

同学们，看看这节课我们研究学习了什么——平行与垂直。（板书）这是在同一个平面内，两条直线的两种特殊的位置关系。

（三）练习巩固

1. 做一做

（课件出示做一做）谁来说一说你是怎么判断的？你的判断依据是什么？你同意他的看法吗？你能再说一说吗？

2. 摆一摆

师：我们找到了生活中的垂直和平行现象，能用小棒摆一摆吗？

（1）把两根小棒都摆成和第三根小棒平行。看一看，这两根小棒互相平行吗？谁能把这个规律说一说？

（2）把两根小棒都摆成和第三根小棒垂直。看一看，这两根小棒有什么关系？

3. 折一折

师：最后，咱们来玩一个折纸游戏怎么样？请同学们看游戏规则。（课件）

（1）把一张长方形的纸折两次，使三条折痕互相平行。

（2）把一张正方形的纸折两次，使两条折痕互相垂直。

（四）全课总结

同学们，今天这节课你有什么收获？

（五）布置作业

略。

板书设计：

平行与垂直

在同一个平面内　　不相交（互相平行）

相交

成直角（互相垂直）

《圆的认识》教学设计

【教学内容】

义务教育课程标准实验教科书《数学》六年级上册第四单元第一课时。

【教学目标】

（1）使学生掌握圆的特征以及正确的画圆方法，理解圆心、半径、直径等概念。

（2）引导学生参与整个学习活动，经历观察、猜想、实践、验证、归纳、总结等学习过程，自主掌握知识。

（3）在解决问题的过程中，加强知识与生活的联系，培养学生的数学能力。

【教学重难点】

重点：认识圆各部分的名称，掌握圆的画法。

难点：掌握圆的特征并学以致用。

【教学准备】

教具：多媒体课件、直尺、教学圆规和圆形纸片。

学具：圆规、尺子、纸片、学习材料《课前小研究》和《自学提纲》。

【教学过程】

（一）欣赏引入，激趣促思

1. 在观察中感知圆

同学们，请大家来欣赏老师带来的图片，看看你能从中发现什么。（课件）欣赏完这一幅幅美丽的图画，你从中发现了什么？（生答）对了，我们的生活中充满了圆，正是因为有了圆，我们的世界才变得如此美丽而神奇。今天，就让我们一起走进圆的世界，共同探究圆的奥秘，好吗？（板：认识圆）

2. 在对比中认识圆

请大家回顾一下，以前我们学过什么平面图形？我们来比较一下，圆与以前学过的平面图形有什么不同的地方？（课件）小组同学之间交流一下。（生答）（点课件）以前学习的图形是平面上的直线图形，而圆是平面上的一种曲线图形，请大家把这一句读一下。这一条曲线该怎样画出来呢？拿出我们已完成的《课前小研究》。（点课件）

（二）设疑探究，导做促学

1. 尝试画圆

第一个问题，你能想办法在纸上画一个圆吗？你是怎样画的？把你的方法跟班里的同学交流一下。（生交流汇报）你用的工具是——圆规。请你把圆规画圆的方法跟大家介绍一下，请大家都拿出圆规，他介绍到哪你就比画到哪。（生介绍手握哪里）跟着老师一起用圆规来画圆。（把……把……这一点先做个标记……）把你画的圆举起来，画得真不错，不过你们画的圆有的大有的小，如果我想让大家画出来的圆一样大，你能做到吗？怎么办？为什么圆规两脚间的距离一样画出来的圆就一样大呢？好，我们先来探究圆的特征，再来解答这个问题好吗？

2. 探究圆的特征

（1）动手操作。

（点课件）现在请大家拿出剪出来的圆，将它对折，打开，再换个方向对折，再打开，反复几次，你有什么发现？（生自由发言，圆心……）你是怎么知道的？书是无声的老师，现在请大家打开课本56页，我们来自学例2。（课件）

（2）合作探究。

自学课本56页例2，小组合作完成自学提纲。完成的过程中利用手中的圆折一折后说一说，用笔在圆上标一标字母，画一画半径和直径，各量一量3条半径和直径的长度，并通过比一比来进行探究。请各组长把桌子下的《自学提纲》拿出来，交流开始。

小组利用展示台进行交流汇报，你们有什么问题想问吗？（在学生提问的过程中，师板：在同一圆里，$d=2r$，$r=1/2d$）我们来看大屏幕，再次来理解一下。（师用课件演示）这一点是在圆中心，叫圆心，读一下。再来看半径，连接圆心和圆上任意一点的线段叫作半径，读一下。在同一个圆中，半径有多少条呢？（无数条）这些半径的长度怎样呢？（相等）最后来看直径，通过圆心并且两端都在圆上的线段叫作直径，读一下。在同一个圆中，直径有多少条？（无数条）这些直径的长度怎样呢？相等。再来看同一个圆内半径和直径的关系。

（3）圆规画圆。

好，学完了圆心、半径、直径的有关知识，我们再来看看圆规两脚间的距离是画出来的圆的什么？（标出半径r）要准确地画出一个半径是3厘米的圆，该怎样做？会不会画？请画出这个圆并在小组里交流画法。（生交流）是怎样画的？（生答，师点课件）定好圆规两脚的距离就是定长，把有针尖的一只脚固定在一点上就是定点，最后旋转一周就画出了一个圆。这个长就是半径，点就是圆心。（板书）半径和圆心各有什么作用呢？为什么？（板：决定大小，确定位置）

（三）联系生活，创境促用

同学们，刚才我们通过自主探究与小组合作，不仅认识了圆，而且掌握了圆的特征和圆的画法，下面，我们就应用这些知识来解决问题。

（1）打开课本58页，“做一做”第1题，选择你喜欢的两种颜色，一种描出半径，一种描出直径。描完后在组里说说怎样找出半径和直径。（让生上展示台展示并说出半径是哪些，直径是哪些，为什么。）

（2）看大家学得这么好，奖励你们去看一场赛车比赛要不要？（点课件）预测一下，谁将胜出？生活中的车轮是什么样的？（点课件，出示问题）小组先交流交流。

（3）打开并完成课本60页练习十四第2题，有什么不懂的在小组里交流一下。

（4）学校新建了一个篮球场，现在只差中央的圆还没有画出来，可我们没有那么大的圆规。合作交流：怎样画出这个圆？

（四）畅谈收获，体验情感

这节课你有什么收获？

板书设计：

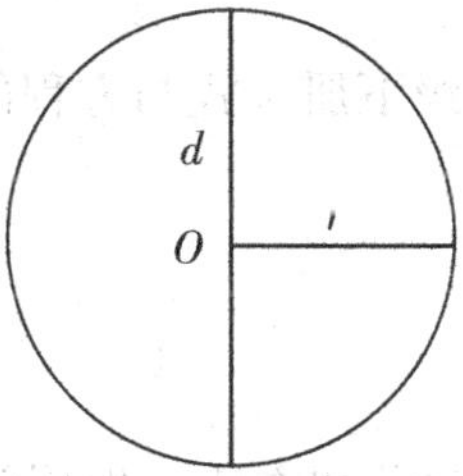

认识圆

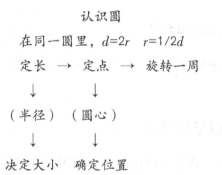

在同一圆里，$d=2r$　$r=1/2d$

定长 → 定点 → 旋转一周

↓　　↓

（半径）（圆心）

↓　　↓

决定大小　确定位置

《式与方程的整理和复习》教学设计

【教学内容】

义务教育课程标准实验教科书《数学》六年级下册《式与方程的整理和复习》。

【教学目标】

（1）使学生更深入地理解用字母表示数的意义和方法，发展学生的抽象概括能力。

（2）通过对简易方程的整理和复习，学生之间相互质疑、相互辩论、相互评价，完成知识构建。

（3）加强数学和学生生活实际的联系，创设互相协作、积极向上的学习情境，培养学生的创新意识和全员参与意识。

【教学重难点】

重点：找准知识间的联系与区别，完成知识构建，形成知识网络。

难点：指导用字母表示数的书写格式，正确理解简易方程的有关概念。

【教具准备】

教学课件一个。

【教学过程】

（一）激趣引入

（1）同学们，今天有好几位领导来到我们的课堂，让我们用热烈的掌声表示欢迎。你们知道共来了几位领导吗？大家还记不记得，上次县里其他学校的老师来听我们的课，那时候我们也是在这里上的课，那时候的老师比现在的多。谁能用一个式子表示出上次来听课的老师的人数？

（2）揭示课题。像这样含有字母的式子就是今天老师要和大家一起来复习的内容——式与方程。（板）

（二）引导整理

1. 整理交流

在课前，老师已让大家先进行知识整理，现在请大家把《课前小研究》拿出来。第一个问题：我们以前学过哪些式与方程的知识？（生答）把它用你喜欢的方式整理出来。现在把你的结果跟小组里的同学交流一下。（小组交流）

2. 汇报交流

（1）各小组推选一个同学来展示一下。（生上展示台展示）

（2）别的小组有没有不同的整理方法？（把整理结果拿到展示台展示，并说出整理成什么形状、根据什么来整理。师生共同评价各组的整理情况。）

3. 归纳概括

刚才大家都是根据知识之间的联系来整理的，也就是式与方程包括用字母表示数、方程两大内容：用字母表示数包括数量关系、运算定律、计算公式；方程包括方程、解方程及用方程解决问题。（师边概括边用大括号的形式整理板书）

（三）引导复习

1. 复习用字母表示数

（1）整理之后，我们就来进行复习。谁来说一说你会用字母表示什么？（生举例回答，师举分数乘法的计算方法）用字母表示数有什么好处？

（2）课件出示：书写含有字母的式子应该注意什么？（生先答，师再出示课件）

（3）完成课本84页“做一做”。生填书后口答较对。（师课件出示）

（4）完成课本86页练习十五第1题。生填书后口答较对。（师课件出示）

2. 复习方程知识

（1）复习方程。

① 接下来，我们来复习方程。在你的记忆中，什么是方程？什么叫方程的解？

② 课件出示：打手势判断是不是方程。（要回答为什么不是方程，为什么是方程。）

（2）复习解方程。

课件出示题目，让生解方程。解方程后小组进行交流：运用了哪些知识？解方程时要注意什么？（生回答，师课件出示）

（3）复习解决问题。

① 我们通过列方程和解方程还可以解决很多实际问题。那用方程解决问题有哪些步骤呢？（生答）

② 我们来看这道题。（课件出示例3）一起读一下题。哪个量是未知的，也就是要设哪个量为x呢？这道题有什么等量关系呢？根据这个等量关系怎样列方程？能不能解方程？做书中85页例3。（生答，师课件出示）

③ 我们来看85页的“做一做”，看看我们能不能也用方程来解决。大家按照我们刚才复习的方法先读题后解答。做好了跟小组同学交流一下。（生板演）

（四）总结

同学们，这节课我们复习了什么？是怎样复习的？（先整理，再根据重难点进行复习）这是一种复习的好方法，大家要把它运用到今后的复习中去。

（五）创境应用

（1）暑假我们参加夏令营，准备乘汽车到营地，单程车费10元钱，在营地渡过了 5 天 5 夜。你能用含有字母的式子来表示这次参加夏令营的费用吗？（课件出示）（生通过交流得出：$5x+5y+20$）

（2）你认为每天的用餐费和住宿费应该多少才合适？带多少钱才够用呢？

（六）布置作业

练习十五第2题余下的题目和第3、4、5题。

板书设计：

式与方程的整理和复习

- 式与方程
  - 用字母表示数
    - 数量关系
    - 运算定律
    - 计算公式
  - 方程
    - 方程
    - 解方程
    - 用方程解决问题

《相遇问题》教学设计

【教学内容】

人教版小学数学第九册第二单元P54例3。

【教学目的】

1. 知识与技能

（1）认识相遇问题的特点。会分析相遇问题的数量关系，能用两种方法解答相遇问题中求总路程的应用题。

（2）培养学生的分析能力、逻辑思维能力和解决实际问题的能力。

2. 过程与方法

借助多媒体课件辅助教学，为学生创设熟悉的生活情境，让学生在观察、思考、交流、争论、推理、归纳的过程中自主认识新知，主动寻求解决实际问题的多种策略，培养学生自主探索的精神和创新意识。

3. 情感态度与价值观

生活情境的再现，让学生感受到数学与生活的密切联系，激发学生热爱数学的积极情感，培养学生创造性应用数学知识解决实际问题的意识。

【教学重难点】

重点：认识相遇问题的结构特点，理解并掌握两种解法的解题思路。

难点：理解和掌握第二种解法的解题思路。

【教具准备】

CAI课件一个。

【设计理念】

（1）注重沟通现实情境与数学问题之间的联系，引导学生通过联系现实情境思考数学问题的解答方法。

（2）以学生已有的知识基础、认知水平和思维方式为学习起点，为学生提供充分从事数学活动的机会，让学生在自主探索、合作交流的过程中逐步发现问题、研究问题、创造性地解决问题，并且亲身体验解决问题策略的多样性，自觉选择自己最喜欢的方法去解答实际问题。

（3）营造轻松、民主、和谐的学习氛围，引发学生的学习兴趣，激活学生的创新思维，使学生获得一种愉快、健康、成功的内心体验。

【教学过程】

（一）温旧引新

（1）联系实际，复习以前学过的行程问题常见的数量关系。（速度×时间＝路程）

（设计意图：本节课的学习是在有关速度、时间、路程之间数量关系的应用题的基础上来展开的，例3中第一种方法的解答也需要用到“速度×时间＝路程”这个数量关系，所以这一环节是为新课做铺垫，同时也是为了从一个物体运动的问题引入两个物体运动的行程问题。）

（2）从一个物体运动的问题引入两个物体运动的行程问题。

（二）创设情境、探索新知

1. 完成准备题（课件演示）

（1）创设情境：动画演示小强和小丽面对面从自己家里出发，经过一分钟、两分钟、三分钟、四分钟，最终相遇的整个过程。

（2）结合演示，学生从中提出数学问题，（课件出示）全班进行交流并解答，分解例3的难点。（重点让学生自己去发现四分钟后，两人之间的距离变成了0米；两人所走路程的和等于两家之间的距离。）

（3）小结：通过上面的学习，你明白了什么？

（设计意图：课件创设现实情境，把现实情境转化为数学问题，在现实情境和数学问题之间架起一座桥梁，学生通过联系现实情境思考数学问题的解答方法。同时，学生通过对现实情境的观察和体验，从中发现相遇问题的一些基本特征，为例3的学习做一些准备。）

2. 合作探究、学习例3（课件出示）

小强和小丽同时从自己家里走向学校。小强每分钟走65米，小丽每分钟走70米。经过4分钟，两人在学校门口相遇。他们两家相距多少米？

（1）学生自告奋勇读题，理解题意。

（设计意图：为学生创造一个张扬个性的机会，充分调动学生的学习积极性。）

（2）小组合作，尝试解答。

（3）汇报成果并说出解题思路，课件的演示帮助理解第二种解法。

解法一：$65\times4+70\times4$	解法二：$(65+70)\times4$
$=260+280$	$=135\times4$
$=540$（米）	$=540$（米）

答：他们两家相距540米。

（设计意图：新课标中指出，自主探索、合作交流是学生学习数学的重要方式。这里把学习的主动权完全交给学生，引导学生在足够的时间里进行观察、分析、交流与探索，让学生的思维在相互碰撞中擦出创新的火花，最终总结出解决问题的多种策略。）

（4）学生带着问题看书，同时用自己的两只小手在书桌上把小强和小丽的运动过程演示一遍，然后同桌交流并归纳出相遇问题的特点。（四要素：两地、同时、相向、相遇）

（设计意图：帮助学生深刻理解两个物体运动的变化情况，掌握相遇问题的结构特点，为学生正确分析问题提供表象支持。）

（5）小结。像这样，出发的地点为两地、出发的时间相同、走的方向是相向、结果是在途中相遇，我们就称它为相遇问题。其中求总路程的这一类应用题，一般有两种解法：一种是先求出两人分别走过的路程，再加起来；另一种是求出速度和，再乘相遇时间。

（三）巩固新知、拓展思维

1. 实践、体会

师生合作演示相遇问题和背向问题，使学生更深刻地理解和掌握相遇问题的结构特点和解题方法。

（设计意图：转变教师角色，拉近师生距离，促进师生互动，使教师真正成为教学活动中的合作者、参与者，让学生在活泼、平等、和谐的氛围中自主、轻松、愉快地学习。）

2. 延伸、发散

学生通过开火车的形式演示“同时出发但结果没有相遇”“不同时间出发结果相遇”的行程问题，小组进行交流并解答。（鼓励学生在解法上敢于别出心裁、标新立异）

（设计意图：通过小部分学生表演的形式来激发其他学生的学习兴趣，激活学生的思维，充分挖掘学生的个性潜能，培养学生的发散思维和创新学习能力。）

（四）总结评价

请学生说说本节课的收获。

（五）作业布置

（1）P55“做一做”。

（2）P57练习十四1～3题。

板书设计：

相遇问题

两地　同时　相向　相遇

速度×时间＝路程　　　速度和×相遇时间＝总路程

解法一：$65\times4+70\times4$　　　解法二：$(65+70)\times4$

$=260+280$　　　$=135\times4$

$=540$（米）　　　$=540$（米）

答：他们两家相距540米。

《小数的意义》教学设计

【教学内容】

人教版教科书四年下册P32～P33例1及相关内容。

【教学目标】

1. 知识与技能

（1）了解小数是如何产生的，理解和掌握小数的意义。

（2）明确小数与分数之间的联系，理解并掌握小数的计数单位及相邻两个计数单位之间的进率。

2. 过程与方法

学生在测量、观察、讨论中经历小数的产生过程，体验探究发现和迁移推理的学习方法。

3. 情感态度与价值观

让学生在了解数学知识产生的过程中感受数学之间的内在联系，激发学生的学习兴趣，培养学生良好的数学学习品质。

【教学重难点】

重点：理解和掌握小数的意义，认识小数计数单位并掌握它们之间的进率。

难点：理解和掌握小数的意义。

【教学准备】

课件、米尺。

【教学过程】

（一）借助微课，“翻转”学习数的产生

课前先让学生在家通过微课进行学习。

1. 经验迁移

同学们，课前我们已经通过微课进行了学习，知道了生活中有很多地方用到了小数，谁来说一说，在哪儿有小数？（如我们数学书的单价、我们的身高等）谁来说说，数学书的单价是多少？是几元几角几分？你的身高呢？

2. 实践体验

谁来汇报一下，你在家测量了什么物品？长度是多少？

3. 观察感知

（出示情境图）这位男同学量得的讲台有多高？课桌多长呢？为什么？（讲台比1米长，但长的部分又不够1米，用米作单位，就必须用小数。）

4. 形成共识

对于刚才的活动你有什么想说的吗？（生答）是的，在进行测量和计算时，往往不能正好得到整数的结果，这时常用小数来表示。

5. 引入课题

这节课我们就来再一次来认识小数，学习小数的意义。（板课题）

（二）直观感知、迁移推理

1. 借助直观，迁移感知

（1）借助直观模型，引导学生理解一位小数的意义

① 出示例1图片一。师：这是一把米尺，长1米。

引导：把1米平均分成10份，每份是1分米，用米做单位，用分数表示是$\frac{1}{10}$米，也可以用小数0.1米来表示。（板$\frac{1}{10}$　0.1）

② 大家看，这是3分米、7分米，用米做单位，用分数和小数又该怎样表示呢？请同学们独立完成在书上。（生完成后汇报）

③ 0.7米里面有多少个0.1米？那1米里面有多少个0.1米？

④ 课件再出示“做一做”第一、第二幅图，让学生用分数和小数表示。

⑤ 解决了以上问题，你对这些分数和小数有什么发现？有什么想说的吗？

（生自由发言，师板：一位小数）那 1 里面有多少个0.1？（板：10）

2. 借助直观迁移，理解两位小数的意义

（1）出示例1图片二。刚才我们是把1米平均分成10份，现在再把这10份中的一份平均分成10份，大家看一下放大图，这一份是多长，也就是把1米平均分成100份。1份用分数表示是 $\frac{1}{100}$ 米，也可以用小数0.01米来表示。

（2）那么这个是多少厘米？4厘米、8厘米用米做单位写成分数是多少？还可以写成什么样的小数呢？请同学们填在课本上，填好后想想你有什么发现，请在小组内交流交流。

（3）14厘米、35厘米用米做单位用分数和小数各怎样表示？

（4）你们有什么发现？（生自由发言，师板：两位小数）1 里面有多少个0.01？那0.1里面有多少个0.01？（板：10）

3. 独立迁移探究，理解三位小数的意义

（1）出示例1图片三。现在把1米平均分成了1000份，大家看一下图，能填完整吗？

（2）要求学生独立完成，并将自己的发现与小组内的同学进行交流。

（3）哪个小组来汇报一下你们的发现？（生汇报，师板书：三位小数）1 里面有多少个0.001？那0.01里面有多少个0.001？（板：10）

4. 迁移推理

（1）大家推想一下，什么样的分数可以用四位小数来表示？五位小数呢？

（2）像这样的小数有很多，能说完吗？谁能来概括什么样的数可以用小数表示？（生答，师板：分母是10、100、1000……的分数可以用小数表示）这就是小数的意义。（课件出示）

5. 自主提升

（1）我们在学习整数的过程中，认识了哪些计数单位？相邻两个计数单位之间的进率是多少？（课件出示）

（2）那小数呢？现在请大家独立阅读课本33页小精灵下面的两段话。（引导学生一起说出，课件出示）

（3）对于每相邻两个计数单位之间的进率是10，你是怎样理解的？整数部分的计数单位1和小数部分的计数单位$\frac{1}{10}$是什么关系？每相邻两个计数单位之间的进率是10。

（三）课堂训练，巩固深化

（1）完成课本33页做一做。

（2）完成课本36页第1题和第2题。

（四）课堂梳理，总结汇报

1. 梳理汇报

通过本节课的学习，你有什么收获？

2. 介绍背景知识

课件播放材料“你知道吗？”让学生了解小数的产生。

（五）布置作业

《学习辅导》有关内容。

板书设计：

小数的意义

分母是10、100、1000……的分数可以用小数表示。

	$\frac{1}{10}$	$\frac{1}{100}$	$\frac{1}{1000}$
1	0.1	0.01	0.001
10	10	10	
	一位小数	两位小数	三位小数

【教学反思】

对于小数的知识，学生在三年级已有了初步的认识，能够在具体情境下理解小数的含义，能读写不超过两位的小数，并能结合具体情境进行简单的一位小数的加减法，能够依托长度单位、货币单位实现分数与小数之间的互换，具备了一定的学习经验。小数在生活中有着广泛的应用，学生还具备一定的生活经验，这些都为学生自主探究小数的意义奠定了知识和方法的基础。

但是小数的意义属于概念教学，比较抽象，学生在理解的过程中可能会遇到困难，所以，在教学时，可以让学生在课前进行充分的实践——测量，积累生活经验，从而在上课后能根据遇到的问题，想到需要创造一种新的数来记录这些数据，加深对小数产生的必要性的认识。根据本课教学内容的特点和学生对概念认知的思维特点，我觉得在由分数到小数的过渡中，学生会感到困难。针对这种情况，在充分利用小组合作探究的基础上，教师应适当地进行引导，在得到一位小数的意义后再放手让学生去探究两位、三位小数的意义，循序渐进地学习新知。有效利用学生的生活经验和知识储备，尽量结合学生身边的事物展开学习，充分利用有效资源让学生经历数学知识的探究与发现的过程，使他们在动手、动脑、动口中理解知识、掌握方法、学会思考、获得积极的情感体验。

《小数加减法》课堂实录

【教学内容】

人教版教科书四年级下学期第六单元《小数加减法》例1、例2及有关内容。

【教学目标】

1. 知识与技能

理解小数加减法的计算方法，能够正确计算小数加减法。

2. 过程与方法

营造自主探究的空间，使学生在试做与探寻计算方法的过程中理解并掌握小数加减法计算的算理和方法，并从中感受迁移、对比等思考问题的方法。

3. 情感态度与价值观

鼓励学生探寻“新情况”，培养学生探索意识，并让学生从中感受到事物间的相互联系。

【教具准备】

课件、翻页笔、课题（板书内容）、三角尺、白纸。

【教学过程】

（一）激活经验，直切主题

（1）同学们，知道这节课我们要学习什么吗？对于小数，大家应该不会陌生吧？谁来说说你知道哪些小数的知识？

（2）大家知道的还真不少。那现在来看看我们的好朋友小丽和小林在干什么。（出示主题图，生答买书）书是人类进步的阶梯，我们应该多读书。从这幅图中你还能得到什么信息？（小丽想买两本书，小林想买词典）

（二）迁移旧知，探究新知

1.观察发现，提出问题

（1）小丽想买两本什么书呢？我们来看看。（课件呈现）

（2）两本什么书呢？（生齐答）两本书各需多少钱呢，谁能把两本书的单价给大家读读？

（3）根据这些信息，你能提出什么数学问题？（根据学生的回答课件呈现问题）根据提出的这两个问题，该怎样列式？（课件呈现列式）

2. 探究小数位数相同的小数加减法的计算

（1）迁移旧知，独立尝试。我们先来看看这道加法式子。用竖式该怎么计算呢？（化成分数或小数点对齐）你怎么知道的？（三年级学过一位小数相加减）我们能联系学过的知识来解决问题真好。这是一种重要的数学思想，叫转化。那现在请大家尝试着在练习本上计算，并思考：为什么能这样算？（师巡视，一生板演）

（2）交流汇报，说清算理。把你的想法在小组里跟同学交流一下。（让板演的学生说是怎么做的。板：小数点对齐）为什么要把小数点对齐？（分加分、角加角、元加元）师：分在哪个数位？角呢？元呢？所以，小数点对齐就是把数位对齐。（板：也就是把数位对齐）真棒！还要注意什么？（其他学生回答：满十进一，得数要点上小数点）

（3）那减法呢？能不能自己计算？试试看。（一生板演）要注意什么？（小数点对齐，不够减向前一位退一当十）

3. 总结小数加减法的计算方法

通过刚才的尝试，大家对小数加减法好像已经会做了。谁来说说，计算小数加减法要注意什么？

4. 探究小数位数不同的小数加减法的计算

大家总结得真好，今后我们计算小数加减法，就可以用小数点对齐的方法来计算。那大家想想，小数加减法除了小数位数相同的情况，还有没有其他情况呢？以前我们学习计算都是由老师出题，大家算，今天咱们改一改，请你来想一想，小数加减法可能会有哪些不同的情况，然后编成题，再试着做一做，看谁能够给大家带来新情况或者新提示，好吗？开始吧。（学生独立动笔编题，教师巡视，搜集学生编写的不同情况的题）编完之后和小组同学一起交流一下，说说自己编的题。还真的有很多同学想到了各种各样的新情况，编出了不少题目，那我们现在一起来交流。（师收取学生编的题）

（1）新情况一：位数不同的小数相加减。

这是一个同学编的题，（遮住竖式）先来读一读：0.384+0.48=，猜一猜他想给大家带来怎样的新情况？

生：他想给大家带来的新情况是三位小数加两位小数。

这两个加数的小数位数不一样多，你打算怎么写竖式？（等待学生思考，待多数学生有想法举手后）好多同学都有想法了，那你来说说该怎么计算？（添0再把小数点对齐）大家同意这种做法吗？一起来看看这位出题的同学写的竖式，看看他和你想的一样不一样。

①“0.48”一到竖式里就变成“0.480”了，可以这样变吗？为什么？

② 大家都认为他这样添0是可以的，为什么要添这个0呢？（生1：添上这个0，计算的时候就非常容易了，不会犯数位没对齐的错误了。生2：这个0是占位用的。）说得真好！不过，这个0一定要写吗？

③ 如果我把这道题的小数点去掉，变成整数（师在展示台写出整数的横式），那该怎么样对齐呢？（师在展示台写出竖式，演示末位对齐）这样也就是末位对齐了。刚才的小数计算能不能也把末位对齐？为什么不行？（小数的位数不同，末位对齐不能把数位对齐）小数计算在什么情况下能把末位对齐？（小数位数相同）所以，只要我们把小数位数变成相同的就能像整数一样末位对齐了。看来小数加减法与整数加减法之间看似不同，其实背后却藏着相同的道理，都是要把数位对齐。由于小数位数可能不同，为了确保能够把数位对齐，所以，在计算小数加减法时要把小数点对齐。刚才这位同学出的题目是减法的，我们来看看。（展示学生出的减法题）

（2）新情况二：计算结果末位有0。

① 还有一个新情况（如下），这是谁出的题？请你到前面来给大家讲讲你的想法。（生：我想给大家带来的新情况是，通过小数和小数的计算，最后得到的是整数。）

② 竖式上的计算结果是几？到横式上却变成什么了？为什么？（生：结果从1.00变成1，还是根据小数的基本性质，这样结果就变得简洁了。）

③ 当小数计算的结果出现末尾有0的情况，通常我们要对结果进行化简，如果最后得到的是整数，连小数点也都可以藏起来。向横式汇报答案的时候就写最简结果，这也是数学简洁美的一种体现。

（3）新情况三：整数加减小数。

① 老师这里还有新情况呢，（遮住竖式）刚才看到他编的题时，我特别意外，我们来看一看这道题的新情况是什么。（生：整数减小数）

② 让大家出一道小数加减法题，一般想到的都是两个小数做加法或者减法，他竟然还用上了一个整数，真让人感到惊喜！这道题你打算怎样算？（几生答：列竖式的时候就应该写5.00减2.58）为什么？（把“5”变成“5.00”就更好减了，小数点容易对齐）看看你的想法和出这题的同学的想法一样不一样。给这位同学也给我们自己一点掌声吧。

③小结：（在展示台出示三种编题的竖式）同学们，通过刚才研究我们自己编的题，我们对小数加减法有了更全面的了解和认识，我们知道小数加减法有不少新情况，有小数位数不同的，有得数末尾有0的，有整数加减小数的，无论是哪种情况，计算时我们都要把小数点对齐，这样就把数位对齐了。好，我们再来看看刚才主题图中的小林又买了什么书。

（三）练习巩固，应用拓展

（1）（多媒体出示例2相关信息）你能提出什么问题？怎样列式？（生提问题并说出式子）我们能自己用竖式计算吗？（两生板演，交流）

（2）计算并验算。（生计算、展示）

（3）口算。

①5.55+2=7.55；②5.55+0.2=5.75；③5.55+0.02=5.57。

你发现了什么？把这三道题放在一起来看，是不是每道题的计算过程中都遇到了5+2？同样的5.55，同样的5+2，怎么结果不一样呢？（生：因为2所在的数位不同。第一题是个位上的2，要和个位上的5相加；第二题是十分位上的2，要和十分位上的5相加；第三题是百分位上的2，就要和百分位上的5相加）

所以，小数加减法一定要注意数位对齐。

（四）回顾总结，畅谈收获

同学们，学习了这节课，你有什么收获？

（五）布置作业

课本72～73页“做一做”。

《学当建筑师》活动课教学设计

【活动内容】

圆柱、圆锥有关知识的灵活运用。（配套十二册第三单元）

【活动目标】

（1）学生通过量、拼、说、算、议、做等活动，巩固所学的圆柱、圆锥的有关知识，提高动手操作能力、审美能力。

（2）通过活动，学生初步了解数学在日常生活中的重要作用，掌握一些解决实际问题的方法，培养空间观念和创新精神。

【活动形式】

按6人一组开展活动。（根据本班人数）

【活动准备】

1. 教师准备

（1）用纸板制成的圆锥体n个。（底面半径8厘米、高4厘米。要标出底面圆心，画出底面半径）

（2）长方形纸片n张，标上长、宽。这些纸片的长和宽应分别为：①长12.56厘米，宽20厘米；②长25.12厘米，宽20厘米；③长37.68厘米，宽20厘米；④长50.24厘米，宽20厘米。

（3）用橡皮泥做成的圆柱、方木模型n份。（圆柱、方木里面各暗藏着一个用塑料做成的圆锥、圆柱）

（4）答卷n张。

（5）多媒体设备、电脑软件。

2. 学生准备

刻度尺、剪刀、胶纸、小刀。

【教学过程】

（一）谈话引入

同学们，我们潮州是一座历史文化名城，有很多人慕名前来旅游观光。为了方便游客休息，有关部门最近决定在各景点兴建一批亭子。（屏幕出示亭子实物图）大家看一下，亭子的顶棚像我们学过的什么图形？（圆锥）柱子呢？（圆柱）一座亭子可以有几根柱子？（一根、两根、三根、四根……）现在我们就来学当建筑师，为咱们的城市构建几座亭子，好不好？

（二）量一量，拼一拼

（1）给各组分别分发一个圆锥体和一张长方形纸片。让学生先量一量纸片的长和宽，并根据量出的长度，进行合理设计，用剪刀剪、用胶纸粘接，把它围成一个、两个、三个或四个圆柱。再和圆锥体一起拼成一个有一根、两根、三根或四根柱子的亭子的模型。

屏幕出示注意事项：

① 纸板要全部利用，不能浪费。

② 用胶纸把纸片粘成圆柱时接头处不重叠。

③ 围成的圆柱的半径必须是2厘米。

④ 设计的亭子要美观、实用。

（2）学生完成后，分别让拼成一柱、两柱、三柱、四柱的小组派代表说说为什么要这样设计。（符合屏幕上的要求）

（三）说一说，算一算

（1）亭子的模型设计出来，我们就可以按这个模型动工兴建。不过在兴建之前，作为建筑师必须先考虑一些问题，请大家来说说怎么解答，问题如下：

① 求柱子的占地面积，必须知道什么？怎样求？

② 如果亭子建成了，柱子要贴上瓷砖，该贴在哪里？要求瓷砖总面积，怎样求？

③ 如果用混凝土来建一座有一根柱子的亭子，柱子要多少立方米混凝土，

实际求什么？怎样求？亭顶要多少立方米混凝土，实际求什么？怎样求？造这样一个亭子共要多少立方米的混凝土，实际求什么？怎样求？

（2）问题解决了，接下来该准备各种材料，要准备多少材料呢？请大家来算一算。（给各组分发一张有6道题的答卷。在组长的安排下组里每人一题，列式解答。）

答卷题目如下：

你们组设计的是有（　　）根柱子的亭子。如果这个亭子的柱子半径为0.3米，高3米，亭顶半径2米，高0.6米。

① 亭子建成后，要在柱子的侧面贴瓷砖，一共要贴多大面积？

② 如果用长20厘米，宽6厘米的长方形瓷砖来贴，至少要准备多少块砖？

③ 建成所有的柱子要多少立方米混凝土？

④ 建成一个亭子顶棚要用多少立方米混凝土？

⑤ 你们组设计的这个亭子一共要准备多少立方米的混凝土？

⑥ 如果每立方米混凝土重 2 吨，共要混凝土多少吨？

（3）各组完成后将答卷贴在黑板上，教师通过屏幕对答案进行校对。

（四）议一议，做一做

（1）经过大家的努力，大部分亭子都建成了，接着要建一个只有一根柱子的亭子。这个亭子准备用木料来造。现在找到了一截圆木可以加工成亭顶，另外有一根方木正适合加工成柱子。（屏幕出示圆柱和方木）请大家分组讨论一下，怎样加工才不浪费材料？（生讨论后回答：由圆木加工成的圆锥必须和圆木等底等高，由方木加工成的圆柱的底面直径必须等于方木底面边长，圆柱的高等于方木的高。）

（2）屏幕动画显示加工过程。

（3）给每组分发一个圆柱和一个两个底面是正方形的长方体。（用橡皮泥做成的，圆柱里面暗藏着一个跟圆柱等底等高的塑料圆锥，长方体中暗藏着一个最大的塑料圆柱。学生用小刀就能削出。）学生根据屏幕演示的方法对它进行加工，拼接成一个亭子。

（五）活动总结

教师对本节课中的学生进行表扬，鼓励大家继续刻苦学习，学好各方面的知识。只有学好数学、用好数学、开拓创新，才能成为一名真正的建筑师，将来为美丽的潮州增光添彩。

《长方体和正方体的体积》教学设计

【教材内容】

义务教育课程标准实验教材第十册第三单元P40 ~ P43长方体和正方体的体积计算。

【教学目标】

1. 知识与技能目标

（1）通过实验与数据分析，推导出长方体、正方体体积的计算方法，并能运用公式正确计算长方体、正方体的体积及一些简单的实际问题。

（2）在观察、操作、探索的过程中，提高动手操作能力，进一步发展空间观念。

2. 过程与方法目标

通过猜想、验证，获取新知，培养学生动手操作、抽象概括、归纳推理的能力。

3. 情感态度与价值观目标

激发学生学习数学、发现数学的兴趣，使学生学会与人合作。

【教学重难点】

重点：使学生理解长方体、正方体的体积公式的推导过程，掌握长方体、正方体体积的计算方法。

难点：理解长方体的体积公式的推导过程。

【教具准备】

多媒体课件、长方体和正方体模型各一个。

【学具准备】

每小组1立方厘米的小正方体若干个。

【教学过程】

（一）创设情境，激发兴趣

1. 复习引入

复习体积的概念以及常用的体积单位。

2. 揭示课题

出示课本中的插图。

认真观察：桌上长方体的体积是多少呢？是切成小正方体（单位体积）数一数，还是可以直接计算呢？这节课我们就一起来进一步研究。

（板书课题：长方体和正方体的体积。）

（二）提出猜想，观察思考

提出问题：长方体的体积和什么量有关呢？

（1）利用课件动态变化长方体的长、宽、高。

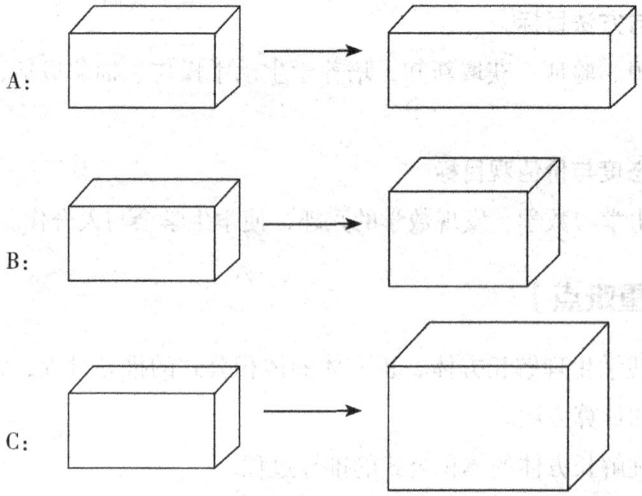

长方体变化图

说说图A、B、C的变化（从长、宽、高、体积等几方面来说）。

你发现长方体的体积大小和什么量有关？（与长、宽、高有关）

（三）实践操作合作探究

（1）小组动手操作。现在大家动手做个实验：用体积为1立方厘米的小正方体摆成不同的长方体，并说一说你是怎么摆的，然后把摆法不同的长方体的相关数据填入表格中。认真观察，你能发现什么？

合作交流卡

长（厘米）	宽（厘米）	高（厘米）	小木块的数量（个）	长方体的体积（立方厘米）

（2）请个别小组汇报摆法，并将数据填入课件中的表格。

（3）观察上表，你发现了什么？

（4）小结。

①所含体积单位的数量就是长方体的体积。

②长方体的体积=长×宽×高。（板书）

（5）打开课本41页，将公式写在书里，并看书，学习字母公式：

如果用字母V表示长方体的体积，用a、b、h分别表示长方体的长、宽、高，那么长方体的体积公式可以写成：$V=abh$。

提问：所以，要求体积需要知道什么？

（6）出示例题：利用引入时的电冰箱图和魔方图，加上数据，让学生算出它的体积。学生独立完成，并提问订正。

（四）探求新知及时总结

订正答案后，屏幕中剩下魔方图。

观察一下这是一个什么图形？你是怎么看出来的？你为什么要这样算？

学生汇报，归纳总结。课件演示。（板书）

如果棱长用字母a表示，那公式可写为：$V=a\cdot a\cdot a$。

对这样三个a连乘，有没有简便的写法？学生：可以写成a^3，读作“a的立方”，表示3个a相乘。

所以正方体的体积公式一般写成：$V=a^3$。（板书）

打开课本42页，填公式，并把小精灵说的话齐读一次。

（五）变式练习，巩固提高

（1）出示：如何求下面立体图形的体积？

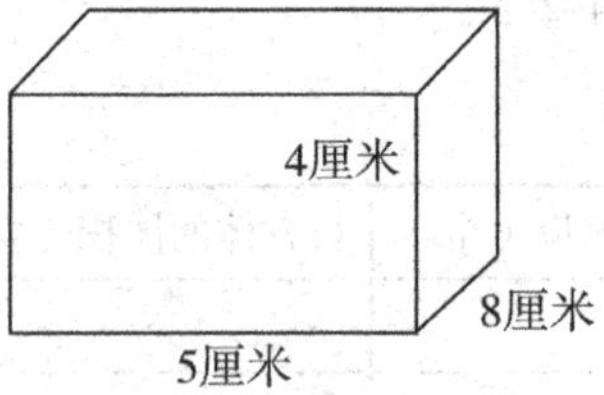

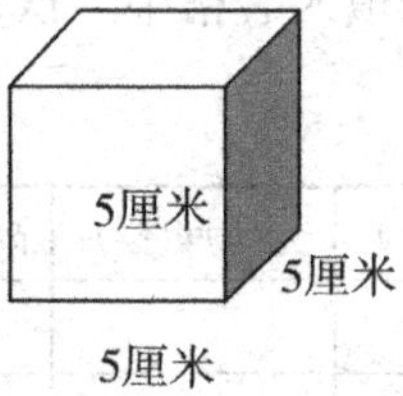

（2）我会做：解决实际问题（课本45页第5题）。

建筑工地要挖一个长50米，宽30米，深50厘米的长方体土坑，要挖出多少方的土？

提问：这道题求的是什么？问题中的单位“方”与哪个单位是一样的？

学生独立完成，提问订正后再提问：大家觉得在做这道题时哪些地方是要注意的？

（3）拓展延伸：用排水法计算土豆的体积。

师：土豆的形状是不规则的，用什么方法才能求出它的体积呢？

① 先让学生思考，并自由表达自己的想法。（学生可能想不到排水法，但不管方法是否可行，都要给予一定的鼓励）

② 介绍阿基米德用排水法测出皇冠体积的故事。

③ 你知道他想到的方法是什么吗？同桌互相说一说。

④ 介绍排水法：把不规则物体完全浸没在长方体或正方体容器的水中，物体体积=上升水的体积，这其实就是把长方体或正方体的体积计算方法迁移到其他不规则图形上，所以我们要懂得，对所学知识不仅要会使用，同时要学会将它进行迁移。

⑤ 出示题目：把一个土豆放入一个长30厘米、宽20厘米的长方体玻璃缸中，当土豆完全浸入后，水面上升了2厘米。求土豆的体积。

提示：土豆的体积与什么相同？上升的水是什么形状？长、宽、高各是多少？

（六）全课总结

这节课你有什么收获?

（七）作业布置

板书设计：

长方体和正方体的体积

长方体的体积＝ 长 × 宽 × 高　　$V=abh$

↓　↓　↓

正方体的体积＝棱长×棱长×棱长　　$V=a\cdot a\cdot a=a^3$

《找规律》教学设计

【教学内容】

人教版小学数学一年级下册第85页例1及相关内容。

【教学目标】

（1）学生通过观察、猜测、探究、推理、操作等活动发现事物中简单的排列规律，掌握找规律的方法。

（2）培养学生初步的观察能力、分析能力、推理能力及创造能力。

（3）培养学生探索数学问题的兴趣以及发现和欣赏数学规律美的意识。

【教学重难点】

重点：理解规律的含义，掌握找规律的基本方法。

难点：能够表述规律，并会运用规律解决一些简单的问题。

【课前准备】

课件、水彩笔。

【教学过程】

（一）猜谜激趣，感知规律

进行猜谜游戏。将一蓝一红两种花进行有规律的排列，让学生初步感知规律。师：越来越准了，这里面一定有窍门。教师指着花告诉学生：像这样按一朵红一朵蓝又一朵红一朵蓝的顺序排列，就是有规律的排列。（让学生初步感知规律）我们今天要学的就是找规律。（出示课题）有一个班正在开联欢会，里面可热闹了，老师现在就带你们去看一看，好不好？

（二）合作探究，发现规律

（电脑出示课本85页例1图）师：漂亮吗？为什么这么漂亮整齐呢？其实它的排列藏着一些小秘密，知道是什么吗？你们能把它找出来吗？先找一找，再和小组同学说一说，看谁发现得多。（生分组交流）

师：哪个小组愿意先来和大家分享你们的发现？

生1：我们小组发现灯笼是按照一个红两个蓝又一个红两个蓝的顺序排列的。

师：那么你们能不能用图把它表示出来呢？（让学生把图在黑板上贴出来）

生2：我们小组发现彩旗是按一红一黄又一红一黄的顺序排列的。

生3：我们小组发现小花也是按一红一紫又一红一紫的顺序排列的。

生4：我们小组发现小朋友队伍是按照一男一女又一男一女的顺序排列的。

（让学生把图片按他们说的排列规律一一在黑板上表示出来）

师：同学们的眼睛真亮，能够发现这么多的排列规律。（指着黑板）像彩旗的一红一黄、小花的一红一紫、灯笼的一红两蓝、小朋友队伍的一女一男，我们都把它叫作“一组”。（让学生齐读“一组”并板书）当我们在找同行排列规律时，只要找到一组是什么，再看看是不是按照一组一组重复排列的，至少要重复三次或三次以上，所以老师这里标上省略号，表示后面还有很多，这样的我们就说是有规律的排列。（板书：一组一组重复）我们找规律时，只要找到重复的一组，（老师把彩旗中重复的一组圈出来）那我们就找到了规律。现在彩旗的排列规律我们可以这样说：彩旗是按一面红一面黄的顺序重复排列的。同学们能像老师这样来说吗？（学生齐读一次，让几名学生说一说）真棒！那灯笼中重复的一组又是什么呢？你能圈出来吗？（一学生到黑板圈，其他学生在书中圈）找到了灯笼中重复的一组也就找到了灯笼的排列规律，谁来说说，灯笼的排列规律是什么呢？（几名学生说）小花和小朋友的排列规律能按刚才的方法找出来吗？先用笔在书中圈出来，再来说说它的排列规律。（两生讲台圈、说）我们已经懂得怎么去找规律了，那现在老师要看我们班里边有哪名同学是火眼金睛，能发现这串花还有着其他规律。（一学生回答）

（三）亲身体验，模仿规律

师：老师这里还有一些图，你们还想继续找吗？

（1）说一说。（说出图中重复的一组是什么，它的排列规律是什么）

（2）做一做。（你们能拍出有规律的声音，做出有规律的动作吗？让学生和老师一起，听着音乐，做着有规律的动作）

（四）联系生活，应用规律

1. 联系生活说规律

师：除了刚才的声音、动作，我们生活中还有哪些也是有规律的呢？（学生答；不强求，能说多少就说多少）

2. 欣赏生活中的规律

（电脑出示图片：规律的美）

师：同学们的眼睛真亮，能够发现在我们身边有这么多有规律的东西。老师也收集了一些有规律的图片，我们来欣赏一下。（出示课件）美吗？真美，正是因为有了规律，我们的生活才这么多姿多彩。我们也要珍惜这美好的生活。

3. 运用规律

这节课同学们的表现很棒！但老师还想考考你们，你们有信心接受挑战吗？

考考你。（这组按规律排列的图形，其中丢了几个，你能补上吗？）（教师点明找到规律的方法）

4. 创造规律

这节课我们已懂得怎样去找规律，学会了运用规律，那现在你们想不想自己来当设计师，自己来创造规律呢？

小小设计师：请按自己喜欢的规律涂色。

5. 畅谈收获

好，同学们，现在你们来说说，通过这一节课的学习，你有什么收获。

（五）总结全课，提出要求

同学们，这一节课我们一起认识了规律，学会了找规律，而且我们还能够自己来创造规律。老师希望，以后你们长大了，都能成为一名真正的设计师，把我们今天学到的找规律的知识运用到生活中去，把我们的生活装扮得更漂亮。

第三章

3

多付出 常反思

——踏实推进课题研究工作

以课题带动，促课改深入

当前课改的主要内容是什么？我个人认为：一是课程更新，二是教学理念和教学模式的革新，三是评价体系的改革。其中心应是教学理念和教学模式的革新。改革伊始，地处城乡接合部的潮安县实验学校，面对更新后的教材，要以什么样的教学模式来培养更具有自主、创新学习能力的学生，为我校的初中部输送优秀的初中人才成为急需解决的问题。于是，我校小学数学课题组于潮安县推行新教材的第一年即2004年9月就开展了以“提高学习兴趣，激发创新思维”为题的研究。研究的主要目的是转变教师陈旧的教育观，树立“一切为了学生的发展”的思想。通过研究，不仅要使学生的学习兴趣得到提高，创新欲望得到激发，还要使教师能运用新的课改理念提高教学水平，并形成一定的教学模式，使课改落到实处。

在课题研究中，为了给教师们创设教学心得的交流平台，课题组开展了“新教材教法研究”“个性教学观摩”及充分体现课改理念的“说课比赛”“课件制作比赛”等活动，让各位教师把学到的、用到的课改新理念进行交流、展示，使教师们初步形成自己的教学风格，促进课改深入。三年来，总课题组被分成6个子课题组进行研究，研究对象遍及6个年级的学生，出版课题报刊《快乐数学报》12期、《数学论文集》和《数学课例设计说课稿集》两本。另外，为了体现新课程理念中的“应该向学生提供充分的从事数学活动的机会，帮助他们在自主探索的过程中真正理解和掌握基本的数学知识与技能、数学思维和方法，同时获得广泛的数学活动经验”，学生在教师的组织下也开展了丰富多彩的活动，共进行数学专题活动36场次，实践活动33场次。例如，组织开展一年级学生的“我能分，我会摆”动手操作活动，二年级学生的“统计大战”，三年级学生的“涂一涂——识别平面图形”，四年级学生的“实际测量”，五年级学生的“节约能源”以及六年级学生的银行利息的调查：“争当小小银行家”，使学生学会理财，培养学习节约的好习惯，等等。在各项活动中我校获得了一大批活动成果，且涌现了一批获省级数学奖项的特长生，如2005年沈增彬、刘洁、沈桂浩、李求参加小学数学“育苗杯”通讯赛荣获一等奖；2006年刘泳鸿、庄良羽、刘世伟、王世贤参加小学数学“育苗杯”通讯赛荣获一等奖；2007年潘昕澄、李旭淇、陈壮伟参加小学数学“育苗杯”通讯赛荣获一等奖；2008年洪幼萱、沈晓璇、沈哲生等参加小学数学“育苗杯”通讯赛荣获一等奖。另外，还有一大批学生获得了二、三等奖。

在这几年的课改研究中，我校还取得了以下成果。

一、形成了六个体现课改理念的教学模式

（1）创设情境激活思维—自主操作合作交流　反思拓展操作运用。

（2）创设情境激活动机—诱导点拨鼓励探究—激励评价交流讨论—引导迁移实践运用。

（3）创设氛围—联系生活—立足基础—注重指导—体验快乐。

（4）衔接迁移—尝试探索—展示反馈—导疑启思—演练拓展。

（5）导学—悟学—创学—评学。

（6）设疑激趣导入新课—自主参与探究规律—联系实际运用规律—关注差异激活创新。

二、探索出五条促进学生自主、创新的学习途径

（1）创设学生熟悉的生活情境“引趣”，诱发创新欲望。

（2）在具体情境中提出问题“激趣”，激活创新思维。

（3）通过小组合作“增趣”，碰撞创新火花。

（4）设计能应用于实际生活的练习“保趣”，提高创新能力。

（5）通过良性竞赛“提趣”，营造创新氛围。

三、通过各种活动把课改经验向全县推广

（1）2005年6月，实验教师吴蔚璇带着本课题组的课改研究成果到全县进行巡回课堂教学模式的展示。她分别在实验学校、凤塘大埕小学、磷溪田心小

学分片举行题为“找规律”的现场课，受到了听课老师的好评。本课题负责人也于现场向全区一线数学教师推介了本课题组的课改研究成果，使本课题组的中期研究成果能在全区得到推广。

（2）2005年，林妙贤老师按一年级教学模式“创设情境激活思维—自主操作合作交流—反思拓展操作运用”设计的课例《分类》，获得了县一等奖。

（3）2005年11月，实验教师黄奕敏参加了潮安县小学数学教学观摩比赛。她把五年级子课题组探索的教学模式“导学—悟学—创学—评学”作为其参赛课堂的教学模式，课堂上学生学习兴趣浓厚，创新思维的火苗随处可见。由于教学效果显著，所以获得了县一等奖。

（4）2006年11月，实验教师徐少娜为全县的“新教材教法研究”上了研讨课。在课堂上，徐少娜老师把三年级子课题组的“创设氛围—联系生活—立足基础—注重指导—体验快乐”这一教学模式展示给全县的到场教师，受到了听课者的如潮好评。本课题负责人也于现场向全县一线数学教师推介了本课题组的课改研究成果，使本课题组的各项研究成果能撒播到全县的各个角落。

（5）2007年10月，实验教师陈静槐的录像课《数学广角》获得市一等奖。在录像课中，陈老师把二年级课题组探索的教学模式“创设情境激活动机—诱导点拨鼓励探究—激励评价交流讨论—引导迁移实践运用”贯穿整节课，课改效果非常显著。

（6）2007年11月，实验教师吴广把六年级课题组探索的教学模式“设疑激趣导入新课—自主参与探究规律—联系实际运用规律—关注差异激活创新”作为框架，进行了《圆的认识》的说课设计，通过现场说课，吴老师把研究成果在全市进行了展示，并获得了市一等奖。

初尝到课改的甜头后，在2008年8月，我校小学数学课题组又申报了省级课题“‘激趣促思，导做促学，创境促用’课堂教学模式的研究”。本课题的研究目的是探索如何在课堂教学中通过多种途径激发学生的学习兴趣，让学生经历学习过程，在交流、操作中体验数学，并在生活情境中应用数学。通过研究，学生的学习兴趣得到提高，能主动参与学习的全过程，在体验中思考，锻炼思维，在思考中创造，培养、发展创新思维，在应用中提高实践能力。希望通过本课题的研究，学生经历过程、乐于思考、学以致用，真正成为课堂上的主人，进一步体现“生本”的课改理念；教师的课改理念、教学水平继续提高，形成适应时代发展的教学模式。现今课题已进入实施阶段，各实验教师已将课改的精神牢牢记住，并将于实验过程中付诸实施。

在过去五年的课题研究中，我们都能结合学校的课改计划同步开展实验，达到科研促教的目的，既提高了教师的课改科研水平，又提高了学生的学习能力和成绩，为学校的初中部储备了大量善于学习、富有创造性的人才，但在五年的课改实验中也有不少困惑。例如，如何在大班制中让学生有效地进行合作交流，教师如何把握对大班制中的学生的探究活动进行主导的“度”，等等。这些问题将在接下来的省级课题的实验中继续进行探索。

2008年12月

借助课堂，实践模式

——省级课题“激趣，导做，创境”课堂教学模式的研究

2008年9月，由傅卓英主任申报主持的课题“‘激趣，导做，创境’课堂教学模式的研究”获得省立项。本课题的参加人员有县教育局教研室黄主任及我校教师共19人。在过去的两个学期，课题组主要开展了学生问卷调查、调查报告撰写、实验教师个人发展计划制定及“结对子”研究学习等活动。

2009年9月至12月，课题研究进入全面、深入实验阶段，以“借助课堂，实践模式”为主题连续开展了一系列的听课、评课活动。主要内容如下。

一、青年教师上课题研讨课

9月份，吴小敏等四位青年老师上了课题研讨课。在研讨课中，青年老师们都努力课堂教学中体现“激趣，导做，创境”的实验思想。例如，吴小敏老师的《倒数的认识》一课，从创设我国隽秀的山河倒影等情境来引入倒数的认识，激发了学生强烈的学习兴趣，接着让学生根据“有趣的汉字的特点”说出互为倒数的两个数，引导学生观察其特点，让学生自主总结出倒数的意义。在教师的引导下，学生亲身经历了数学知识的探索过程，体会到了成功的快乐。

二、课题主持人上课题示范课

10月份，作为课题主持人的傅卓英老师亲自披挂上阵，为课题组所有实验教师上了示范课《圆的认识》。在示范课上，傅老师充分发挥自己的特长，结合教材、学生实际，对教材进行创造性处理，充分调动学生的学习兴趣，让学生在交流、操作中学习，经历学习的过程，享受成功的喜悦，在生活情境中

应用数学知识，感悟数学与生活的联系，体验数学的应用价值。傅老师对“激趣，导做，创境”的课堂教学模式运用自如，效果非常显著。

三、骨干教师上课题交流课

12月份，课题组进行了成果交流。吴广等骨干教师为课题组教师上了课题交流课。在《组合图形的面积》一课中，吴老师抓住学生喜欢猜谜语的特点，通过让学生猜谜语，把学生的学习兴趣激发起来，接着放手让学生在动手实践、合作探究中寻求组合图形面积的计算方法，教师只发挥“导”的作用。在应用环节，教师利用课件创设了“学校要做中队旗，你能帮忙算一算做一面中队旗要用多少红布吗？”的现实情境，让学生小组通过交流，大胆探究解决问题的多种策略。这节课，教师通过“激趣，导做，创境”的课堂教学模式进行教学，学生的思维异常活跃，智慧灵光不断闪现，新课程的理念得到了较好的体现。

通过本学期一系列的研究，我们感觉到课题意识已在老师们心中扎根，课题模式也已在日常课堂中“全面开花”。

2010年1月

第四章

勤思考　善总结

——用心梳理教学成果

4

合理运用竞赛手段，促进班级文化建设

在班级管理中，最重要的是建设良好的班级文化。一个集体要有向心力，就得有一定的班级文化。班级文化是长期积淀下来的，具有学生和老师鲜明个性的东西。但班级文化多种多样，哪一种更有效、更实际、更能被学生接受呢？我认为，学生是班级文化建设的“主人”，通过恰当得体的竞赛进行班级文化的建设，对发挥学生的主体性有较好的作用。所谓“竞赛”就是利用人人都有的展示自我的心理，构建一种全体学生积极参与的竞赛机制。它是激发学生学习积极性和争取优良成绩的一种有效手段。在多年的班主任工作中，我的班级文化主题是“良性竞争、积极向上”，班级文化都是通过合理运用竞赛手段来建设的。

一、通过开展五项竞赛，促进优良班风的形成

优良的班风是促进学生全面提高综合素质的重要保证，所以要管好一个班，必须先抓好班风。而开展班与班之间的竞赛，是形成优良班风的好办法。怎样竞赛呢？我校在这方面有一项比较有效的措施，即开展五项竞赛。五项竞赛就是考勤、仪表、两操（广播体操和眼保健操）、卫生、纪律竞赛。学校规定每个班的学生如果每天能按学校要求做好这五方面，这个班就能获得100分，相反，如果有哪个学生违反了其中一项，就要扣掉所在班级一分。每个星期总结一次，给得分较高的班级颁发流动红旗。这就为各个班的学生大展拳脚提供了机会。学生们纷纷自觉行动起来，想方设法维护所在班集体的荣誉，全身心投入到竞赛中去。在每年的班主任工作伊始，我会让班干们进行研究讨论，为全班同学制定一套比较具体的《一日要求》，让每个学生都明白每天该干什么、不该干什么，并在班里提出了“争满分，夺红旗”的口号，鼓励学生投入

到五项竞赛中去，还对每天的五项竞赛情况进行追踪、分析。这激发了全班学生极大的热情，好多学生每天到校的第一件事就是询问昨天五项竞赛的情况。如果有哪个学生被扣了分，班里的学生就会进行讨论，开展批评和自我批评，找原因、想对策。例如班里的林东洲同学，原是出了名的“迟到大王”。刚开学没几天，班里就因为他被扣了4分，因此全班同学都很焦急，纷纷出谋献策，并自发组织了“护送小组”，每天提早到小林家中把他准时“护送”到学校。在同学们的帮助和集体主义精神的感召下，林东洲同学再也没有迟到过，班集体也多次夺得流动红旗。所以，这样的竞赛不仅能够增强集体的凝聚力，而且能够充分发挥学生的主人翁精神，自然而然地就形成了积极向上的优良班风。

二、通过开展小组竞赛，提高学生遵守纪律的自觉性

纪律是学习的保证，学生只有遵守纪律，才能学好知识。可以通过小组竞赛来使学生自觉遵守纪律。例如，我在班级管理工作中让各小组在课堂上比发言、课间比纪律、课后比作业、劳动比积极、考试比成绩……根据各组的表现，每周各评出一个最佳小组和加油小组。随着竞赛的开展，上课走神、课间吵闹、作业马虎这些不良现象慢慢地少了，一些自制力差的学生也有人“管着”了。例如班里的林泽涛同学，同学们都说他患有“小儿多动症”，只要一上课，他的小动作就很多，一会儿擦桌面，一会儿玩橡皮，一会儿翻书包，下了课就吵吵闹闹，作业也无心完成，结果成绩很差。他过去虽受老师多次批评教育，但见效不大。针对这一情况，我特意安排他到一个自觉性较高、荣誉感很强的小组中去。这样，当林泽涛同学在课堂上又犯老毛病的时候，就有人投以制止的目光；当他下课奔跑吵闹时，就有人及时制止；当他写作业遇到困难时，就有人及时给予帮助。在组里同学无微不至的帮助下，渐渐地，泽涛同学多动的毛病不再犯了，学习的自觉性大大提高了，上课基本能专心听讲，学习成绩也进步了很多。所以，开展这样的小组竞赛可以提高学生遵守纪律的自觉性，培养学生团结互助的精神，促进班级文化建设的顺利开展。

三、通过开展个人竞赛，提高“培优扶差”的成效

凡是班主任都会有这样的体会，在一个班集体中，在学习方面，有的学生聪明，有的学生迟钝，有的学生擅长记忆，有的学生健忘；在特长方面，有的

学生有音乐才能，有的学生绘画水平很高，有的学生天生是体育方面的可造之才……如何让优的更优，差的进步呢？从我的班级管理经验来看，可以在班里分层进行竞赛。例如，在每年的班主任工作之初，我都是经过调查摸底后把学生按上、中、下分成A、B、C三组。让每个组的组员在人与人之间开展学习、特长各方面的竞赛。每周在各组中各评选出一个在学习或特长方面有进步的队员。这样，无论是优等生还是学困生，都能通过努力被评上最佳队员。这大大提高了各层次学生的学习积极性，班里形成了你追我赶的学习氛围，德、智、体、美、劳各方面人才辈出。所以，个人竞赛的开展可以提高“培优扶差”的成效。

德国教育家第斯多惠说过：教学的艺术不在于传授本领，而在于激励、唤醒、鼓舞……要求学生必须学会用手、用舌、用头脑去工作……那么如何“激励、唤醒、鼓舞”呢？我认为，如能合理运用竞赛手段，让学生在不知不觉中“运其才智，勤其练习，掘其潜能，自奋其力，自致其知”，那何愁班级文化建设？当然，事物有利就会有弊。过多的竞赛会失去激励作用，会造成过于紧张的气氛，加重学生的心理负担。获得成功的学生会受到关注，体会到成功的喜悦，而没有获得成功的学生如果被忽视，也许会失去学习的兴趣和信心。所以，竞赛时最好能多表扬、多激励，只有使更多的学生都有获得成功、受奖的机会，才能对多数学生起到激励作用。另外应多指导学生进行自我竞赛，使他们能从自己的进步中体验到成功的喜悦，增强学习的积极性。

新时代的竞争说到底就是人才的竞争。怎样才是具有竞争力的新时代人才呢？除了要具有较高的文化知识水平外，还要具有强烈的竞争意识。所以在班级文化建设中采用竞赛的方法，既让班主任工作事半功倍，又为新时代培养了具有竞争意识的合格人才。

接受学习也精彩

《全日制义务教育数学课程标准（实验稿）》指出："有效的数学学习不能单纯地模仿与记忆，动手实践、自主探索、合作交流是学生学习数学的重要方式。"于是，近年来，有些教师不管学什么样的数学知识都喜欢让学生去探究，探究式学习的课堂教学轰轰烈烈，接受性学习的课堂教学很少露面，甚至有点谈"接受"而色变。那么，接受学习是否就是"填鸭式"教学？新课程背景下的数学课堂还需要接受学习吗？

我认为，首先，接受学习并不等同于"填鸭式"教学。"填鸭式"教学是将学生视为知识的容器，是机械的注入式教学，是无意义的接受学习的极端表现形式，而接受学习也可以是有意义的。其次，在实际的教学中我们都清楚，对于一些运算定律、法则、面积及体积的计算公式等，应让学生去探究学习，而对于概念类知识，只要让学生有意义地接受、记忆就可以了。接受学习与探究学习在学生的学习过程中并非水火不容、互相排斥，只要我们寻求到它们之间的平衡点，两者完全可以"化干戈为玉帛"，相辅相成，相得益彰，从而达到"你中有我，我中有你"的和谐状态。如果能做到，那么接受学习也能像探究学习一样精彩！

那如何在课堂上使接受学习也精彩呢？

一、选择恰当的内容，让接受学习精彩

一位教育家曾说，"数学教学的问题并不在于教学的最好方式是什么，而在于数学是什么……如果不正视数学的本质问题，便解决不了关于教学上的争议"。可以说，数学知识的特征影响着学习的特征，影响并决定着学习方式和教学方式的选择：知识特征不同，学习方式各异。

课改伊始，我也曾一度将探究学习视为教学的不二法宝，以至于为了追求形式而陷入了困境。例如，在进行“多位数乘一位数”的笔算教学时就出现下面的情况：

师：大家知道12×3等于多少吗？过去我们学过加减法的竖式计算，今天我们准备来学习乘法的竖式计算。你能在练习本上尝试用竖式来计算吗？

学生在完成竖式时我进行了巡视，发现大多数学生依样画葫芦，按照加减法竖式的计算方法把答案写成了：

$$\begin{array}{r} 1\ 2 \\ \times\quad 3 \\ \hline 1\ 6 \end{array}$$

可见，我让学生在加减法竖式计算的基础上进行乘法竖式书写形式的自主探究是不可取的。乘法竖式与加减法竖式虽有共同之处，但在大多数学生还没有接触过乘法竖式时就进行这种毫无实效的自主探究，往往会形成知识负迁移的催化剂。尽管我在巡视中看到了问题的症结马上就给予纠正，但这种亡羊补牢的方式还是消除不了学生先入为主的错误印象，学生在写乘法竖式的过程中受加减法笔算的干扰而产生负迁移的概率还是很高的。

在反思中，我意识到是自己的教学观念出现了偏差，将探究学习当作“万能钥匙”。于是，在另一个班教学时，我改用看书自学的形式，先让学生有目的地通过读书来感受乘法竖式与加减法竖式的不同之处，再边演示边讲解乘法竖式的书写形式及每步计算的含义，并组织讨论乘法竖式为什么不能像加减法一样每一步都竖着算。这样，学生在具体的情境中懂得第一步算2×3=6，而第二步算的是10×3=30，所以积的十位上应该写3。

以上我所采用的自学教材方式也是接受学习的一种。在教学中，我们可以在学生通过自学获得一定的感性认识后，再组织学生进行讨论探究，这种接受中有探究、探究中有接受的启发探究式接受学习能够产生很好的学习效果。

另外，陈述性、事实性知识也可以让学生运用接受的方式进行学习。例如，教学循环小数的“循环节”，我先要求学生一口气写出几个循环小数，让其产生烦琐的感觉，再提示学生尝试用一种简便形式表现出来。学生积极发挥想象，用各种符号来表达。接着我把大家的结果展示出来，面对琳琅满目的表示法，学生表现得很活跃。我不失时机地切入：如果不预先打招呼，别人能明白这种表示法的意思吗？学生都觉得不能。这时我才告诉学生，为了便于交流，我们约定俗成地把“循环节”写成点或省略号，这也是人类的文化遗产。这样，虽然是接受学习，但它不是消极地、机械地接受，而是创造一个安全、良好的课堂氛围，让师生平等、民主地进行对话，使学生以愉悦、积极的心态去接受新知识。这样的接受学习也精彩。

二、抓住恰当的时机，让接受学习精彩

心理学研究表明：人们的知觉效果，不仅依赖于由感觉器官传给大脑的信号，更依赖于感知者内心的期待和关注。期待之，则感受之；否则，会视而不见、充耳不闻。所以当探究学习陷入僵局时，教师可适时地让学生进行接受学习。

例如，我在教学“一个数除以分数”时是这样处理的：

出示例题：“小明2/3小时走了2千米，小红5/12小时走了5/6千米。谁走得快些？”

我让学生分组讨论交流怎样解答，有什么疑问可在书中寻找答案。

对于2除以2/3，由于书中写得很清楚，所以学生都能理解，但书中没有解释的5/6除以5/12该怎么算呢？学生们陷入了沉思，虽有学生讨论交流，但看似一无所获。

师：同学们还有什么没解决的问题吗？

生1：老师，为什么5/6除以5/12会等于5/6乘12/5？我对这点还不明白！

师：对刚才同学提出的问题，哪个小组或哪个同学能解释一下？（全班鸦雀无声，没有人举手）

师：你们心中是不是也有这样的疑问？（几乎全班学生点头）

课到这里，我觉得再让学生探究下去只能是事倍功半。于是，我指着黑板上的线段图问：1小时里有几个1/12小时？

生2：1小时里有12个1/12小时。

师：题目告诉我们“小红5/12小时走了5/6千米”，那么他1/12小时可走多少千米？怎样列式？

生3：小红1/12小时可走（$5/6\times1/5$）千米。

师：那么，小红12个1/12小时可走多少千米？又该怎样列式？

生4：1个1/12小时能走（5/6×1/5）千米，12个1/12小时可走（5/6×1/5）×12千米。

师：因为1小时里有12个1/12小时，所以小红1小时能走（5/6×1/5）×12千米，也就是5/6×（1/5×12）千米，所以求小红1小时走多少千米，可以用5/6×12/5来表示。

学生边听边看，频频点头，流露出恍然大悟的神情。

我认为，当学生通过自学产生的疑问经过小组探究仍然不能解决，全班学生也都不能做出合理解释时，就产生了需要教师讲解的学习需求。所以，面对这种情况，我没有执意要学生继续讨论探究，没有陷入片面理解“自主探究”教学理念的误区，而是及时调整教学预案，坚决地选用了讲解的方式来突破难点，为学生对算理的理解指明了方向。从学生在课堂上全神贯注地倾听到听后恍然大悟的反应可以看出，教师在有效激发学生求知内需的基础上，结合线段图进行直观讲解是教学处理的最佳选择，而且，教师选择讲解的时机也恰到好处。这样的接受学习是不是也很精彩？

三、运用恰当的手段，让接受学习精彩

由教师讲授的接受学习是枯燥的，如果能恰当地运用直观操作、游戏、课件等各种手段，使接受学习也变得有趣、好玩，那么学生就能欣然接受了。

例如，在《长方体和正方体的认识》的教学中，对诸如“面”“棱”“顶点”等长方体的各部分名称这些约定俗成的知识，我觉得没有让学生进行探究的意义和价值，而应采用接受学习的学习方式。但如果采用直接讲述的方式，可能大部分学生要依靠反复机械记忆才能掌握，而如果将接受学习融入生动的描绘和直观的演示中，就会收到事半功倍的效果。所以在教学时，我把一团橡皮泥和一把小刀带进课堂，然后按计划削第一刀，把橡皮泥削出了一个平平的面，然后边展示边说：“这是物体的面。”（板书：面）再削第二刀，橡皮泥上出现了一条长长的边，我又“乘胜追击”讲道：“这是物体的棱。”（板书：棱）削完第三刀，橡皮泥尖尖的顶点就露出来了，我引导学生说：“这是物体的顶点。”（板书：顶点）学生一下子就被这个“削橡皮泥”的过程深深地吸引住了，他们边听边看边想象。我顺势概括并启发：“一刀出面，两刀出

棱，三刀出顶点，四刀、五刀、六刀将会怎样呢？想试试吗？”学生的思维被激活了，他们个个都跃跃欲试，想体验一下。等第六刀削完，一个长方体便出现在眼前。就这样，学生在我生动的直观演示、讲解和启发下，不用死记硬背，就能牢牢记住长方体各部分的名称，还将相关知识迁移到认识正方体的名称之中。

再如，我在进行“用字母表示数”的教学时，当课进行到两个相同字母相乘可以怎么表示时，我让三个学生上台排成一排，两边的两个学生代表字母x，中间的学生代表乘号。

师：这三个同学演示的式子怎样写？

生：$x \times x$。老师，这样很难看出哪个是“×”哪个是“x”。

师：那中间的同学请蹲下，这样就可以变成什么？

生：$x \cdot x$。老师，还有没有更好的方法？

师：那请右边两个同学回去。剩下的同学把手指弯成“2”的形状。这就变成什么了？

生：x^2。真简便！

由此可见，评价一节课时，我们不能因为采用接受式学习方式较多就对其加以否认。接受学习形式和探究学习方式是可以同时存在的，它们是相辅相成的。有时，学生虽处于接受式学习状态，但他们不是被动地接受，而是积极主动地理解、建构知识。这样的接受学习是不是也精彩？

2012年，修订版的数学课程标准全面实施了。我们惊喜地发现，修订版的数学课程标准中提出：“除接受学习外，动手实践、自主探索与合作交流也是学习数学的重要方式。”可见，修订版的数学课程标准把接受学习与动手实践、自主探索、合作交流等学习方式都视为学生的重要学习方式。所以说，在实施新课程的今天，我们还是非常需要有意义的接受学习的，只要教师选择好内容、抓住好时机、运用好手段，激发起学生学习的兴趣和积极性，接受学习也精彩！

精设课堂活动，提高数学素养

我们知道，小学生数学素养的培养很难一蹴而就，需要教师在常态课堂教学实践中，将数学素养的培育与具体的课堂活动相结合，把发展学生的知识、技能、情感、态度、价值观等多方面作为教学的目标，引导学生经历抽象、推理、建模的过程，分阶段、分步骤，逐层推进，使每一名学生都能够获得终身发展需要的、不可或缺的数学素养。

一、在操作活动中训练数学语言，提高学生的表达能力

苏联教育家苏霍姆林斯基说：儿童的智慧，在手掌上。操作是学生学习数学的重要手段，爱动是小学生的行为特征之一，小学生基本的学习形式就是玩，要让学生在玩中学。在教学过程中，要引导学生动手操作，通过“比比量量”“折折剪剪”“摆摆拼拼”等演练，使学生多种感官参与活动，这不仅使学生积累了丰富的感性知识，更重要的是培养了学生的创造能力。在教学中凡能让学生动手操作的，尽量不用讲解和演示来代替。因此，在教学中，要努力为学生提供实际操作活动的条件，根据教材的特点，精心组织操作活动，让学生通过剪一剪、拼一拼、摆一摆、画一画、量一量，变抽象为具体，化静态为动态，充分调动学生的学习兴趣，使学生积极参与教学全过程，自主获取知识。在学生完成操作之后，要给他们一个反思的时间，让他们对照自己所摆的结果想一想，我先做什么，再做什么，得出什么样的结果，让实际操作的全过程在学生的头脑中有一个比较深刻的印象，再让他们用自己的语言说一说操作的过程。这样，通过做一做、想一想、讲一讲，引导学生观察验证、分析说理，这不仅有利于学生从具体的形象思维逐步向抽象的逻辑思维过渡，而且也有利于他们对知识的理解和掌握，进而培养他们对学数学的兴趣，提高他们运

用知识的能力。

例如，在教学“比一个数多几的数”的问题时，我先让学生摆一摆，第一行摆6个○，第二行摆的△比○多3个，在摆的时候，我引导学生想一想：先摆几个○，再摆几个△，一共摆出几个△？让学生自己摆出结果，再到展示台上演示，并对自己的想法进行介绍。低年级的学生以形象思维为主，具有好奇、好动的特点，要想激发学生的学习兴趣，一条重要的途径是根据教材的内容，利用图示、教具、学具等材料有目的地组织学生观察、动手操作，让他们参与学习的全过程，在活动中体会到实践操作的意义，让学生的手、脑、口同时活动起来，这既培养了学生的实践能力，又提高了他们主动参与的积极性和学习兴趣。这样，通过操作、观察、讲述等多种活动，学生由具体到抽象，逐步理解数量关系。

又如，在教学四年级《数学广角——鸡兔同笼》时，教师先抛出问题：鸡和兔被关在同一个笼子里，共有8个头，26只脚，求鸡、兔各有多少只？问题一抛出，学生们很快采用猜测和列表法得出了有5只兔和3只鸡，每位学生都为自己得出了正确答案而沾沾自喜。这时，教师马上提问：如果是94个头和256只脚呢？学生们经过尝试发现采用猜测和列表法并不能很快解决问题。教师抓住时机提问：第一道题我们能不能用美术课上学到的画简笔画的方法，快速地画出8只动物的身体？学生们很快用8个小椭圆形表示8只动物。

教师继续提问：如果要表示8只鸡，应该怎样画呢？很多学生都在8个小椭圆形的下面添上了2只“脚”。刚才你们画了几只脚呢？学生很快回答：画了16只脚。

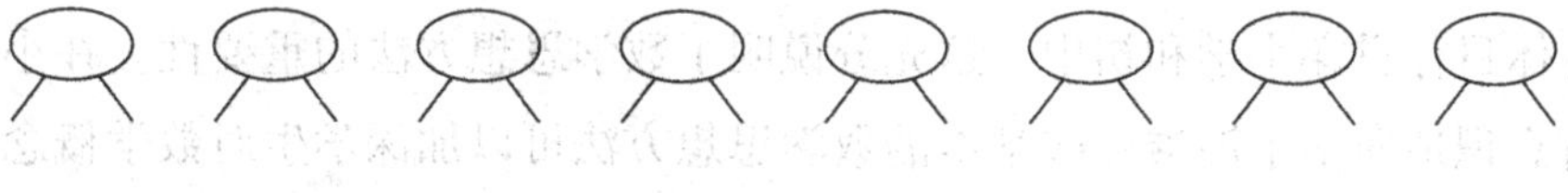

教师：跟题目已知的脚数相差多少呢？剩下的“脚”应该怎样表示？学生们经过短暂思考后发现，还差10只脚，应该在5只动物身上各添2只才能够符合题目的要求。

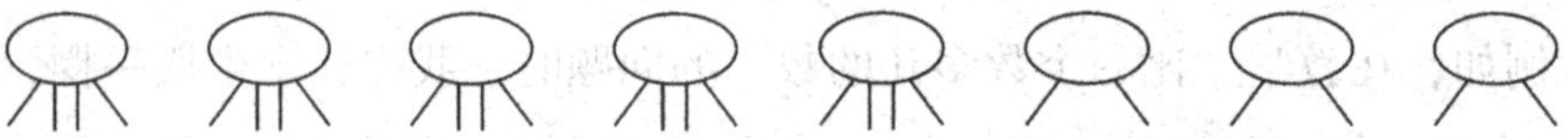

教师：有4只脚的动物表示什么？2只脚的动物表示什么？学生们马上回答：有4只脚的动物表示兔，有5只兔，2只脚的动物表示鸡，有3只鸡。

教师：你们回想一下刚才整个画图的过程，能不能来说说解答这种问题的方法？学生们通过思考及交流，很顺利地说出了方法，并能运用总结的方法很快地将第二道题解答出来。

这种教学方法让学生在简单有趣的动手操作中轻松地掌握解答问题的方法，既提高了教学的效率，同时也加深了学生对这类问题的印象，把外界的运动与内隐的思维活动紧紧地联系起来，让课堂充满生命的活力。

再如，在几何形体的教学中，让学生通过实际操作，口述公式的推导过程，把知识的获取与发展数学语言有机结合起来，激发了学生对空间的探索欲望，抓住契机，发展说的能力。例如，在教学长方体和正方体后我让学生将这两个立体图形通过摆一摆的方式进行比较，把它们的相同点与不同点一一说出，让学生更清楚地了解这两个立体图形之间的内在联系与特征，让学生进一步巩固所学知识，也让学生的口头表达能力得到了发展。

在培养学生数学语言的表达能力的过程中，我特别注意把做与说、看与说、想与说相结合，让学生厘清思路，排除障碍，使新知更清晰、更明确，同时也发展了学生的语言表达能力和思维能力，提高了学生的数学素养。

二、在探究活动中渗透数学思想方法，提高学生的思维能力

数学认知、数学思想和个人发展是小学数学核心素养的三个重要维度。数学课程标准在总体目标中明确提出：学生能获得适应未来的社会生活和进一步发展所必需的重要数学知识以及基本的数学思想方法和必要的应用技能。这一总体目标贯穿小学和初中，这充分说明了数学思想方法的重要性。在小学阶段有意识地向学生渗透一些基本的数学思想方法可以加深学生对数学概念、公式、法则、定律的理解，提高学生解决问题的能力和思维能力，也是小学数学进行素质教育的真正内涵所在，同时，也能为初中数学思想方法的学习打下较好的基础。在小学阶段，数学思想方法主要有符号化思想、化归思想、类比思

想、归纳思想、分类思想、方程思想、集合思想、函数思想、对应思想、模型思想、数形结合思想、演绎推理思想、变换思想、统计与概率思想等。

数学核心素养是在理解数学核心概念、掌握和运用数学规律和关系的基础上形成的，具有交流、表达、解决现实世界的实际问题的能力。在传统的教学中，教师比较注重数学认知的教学，从发展学生的核心素养这个角度来说，这是远远不够的。所以，我们可以从重视数学思想方法的教学入手，进一步培养学生的各种能力，提高学生的数学素养。

1. 在运算法则教学中，通过知识迁移转化，类比归纳，培养学生的思维能力

在小学数学知识的教学中，有很多知识是相关联的，如小数乘法与整数乘法，它们之间存在着密切的联系；分数除法与分数乘法，也存在着密切的联系，运用迁移类比的思想，将新知识的学习转化成已知的知识，可以让学生感悟数学的类比思想和化归思想，加深学生对数学知识的理解和掌握，进一步培养学生的学习能力。例如，教学“小数乘法”时，我创设问题情境：“小玉做一个‘中国结’要用彩带3.4米，做3个中国结要用彩带多少米？”在学生列出乘法算式后，我引导学生尝试计算3.4×3，学生出现不同的想法：一是把3个3.4相加，3.4+3.4+3.4＝10.2（元）；二是把3.4元改写成34角，先按整数乘法计算，34×3＝102（角），102角改写成以元为单位即10.2元。学生的这两种想法已经具备初步的转化思想，就是把未知的问题转化成已知的问题进行计算。在充分肯定学生的想法之后，我引导学生思考：把3.4元改成34角，什么变了，什么不变？如果直接把3.4改成34，积会怎么变化？由于之前学生已经学过小数点的位置移动引起积的变化的规律，学生马上想到“积乘10，扩大了10倍”。紧接着，我继续启发学生：“为了不改变原来的积，得数要怎么做？”引导学生说出：“得数要缩小到原来的 $\frac{1}{10}$ ，要除以10。”结合学生的回答，我相机指出：小数乘整数，可以转化成整数乘法进行运算。这样做的目的是让学生明白，当面对一个新的问题情境时，可以用已经掌握的知识去解决，使学生感悟转化的数学思想，培养学生的思维能力。然后，再出示两位小数乘整数的算式，让学生独立完成，并说出自己是怎样思考的。学生在口述算理的过程中，思维能力得到进一步提升。接着出示问题：小数乘整数与整数乘整数有什么不同？让学生独立思考，小组讨论后汇报。学习小数乘整数之后，教学小数乘小数，同样是让学生采用类推的方法，借鉴已有的学习经验探索新知，并且通过大量例子，让学生在思考、讨论之后归纳出小数乘法的计算法则。

从上面这个例子我们不难看出，数学思想蕴含在数学知识的学习之中，通过学习迁移，将未知的计算方法转化成已知的方法，并适时进行类比归纳，可以使学生在探索新知的过程中逐步领悟转化的数学思想、联想类比的数学思想，从而培养学生的思维能力。

2. 在数学公式推导中，通过操作探究，培养学生的逻辑推理能力

数学知识的形成和发展始于对具体问题和具体题材的观察、实验、猜测、联想、类比、分析、综合、抽象、概括等数学活动。数学公式的推导过程是集中体现上述数学活动的有效载体。只有在数学公式的推导过程中，强化学生的操作探究，让学生真正体验数学的推理过程，才能彰显数学公式的教育价值，才能让学生体味到数学思想的魅力。例如，在圆的面积计算公式推导过程中，我启发学生思考，在以前学习平行四边形、三角形和梯形的面积计算公式时，是怎么做的？学生很容易就想到了“转化”，推导上述图形面积公式时，都是转化成已知面积计算公式的平面图形，再推导出这种图形的面积计算公式。例如，把平行四边形转化成长方形，再根据长方形的面积计算公式推导出平行四边形的面积计算公式。于是，我问：“能不能把圆转化成已经学过的平面图形？”由于以前所学的平面图形都是直线段图形（多边形），学生很难一下子想到把圆这种曲线图形转化成长方形。因而，我直接提示学生，沿着圆的直径把圆平均分若干等份，剪下来，按照课本中的方法拼一拼。学生通过操作活动，把圆分割成若干等份，并拼成近似的长方形。然后，学生通过观察，发现随着分的份数越来越多，拼出来的图形越来越近似于长方形，通过比较所拼成的近似的长方形与圆的形状、面积以及长方形的长与圆的周长、长方形的宽与圆的半径，学生会发现，虽然形状变了，但面积不变；进一步，学生根据上述关系，推导出圆的面积计算公式，采用三段论进行推理，大前提是：长方形面积＝长×宽；小前提是：长方形的长＝圆的周长的一半，长方形的宽＝圆的半径；结论是：圆的面积＝圆的周长的一半×圆的半径；进一步化简后得出，圆的面积＝圆周率×半径的平方，用字母表示是$S=\pi r^2$。学生在经历了演绎推理过程的同时，也会体味到演绎思想、模型思想、符号化思想等数学思想。因此，在数学公式的推导过程中，要不失时机地强化学生的操作活动，让学生在探索中发现事物之间的内在联系，通过观察、操作、联想、类比、分析与综合等数学思维活动，使学生在学习数学知识的同时增加数学活动经验，培养学生的逻辑推理能力。

3. 在问题解决过程中，培养学生运用数学方法解决问题的能力

数学具有高度的抽象性、逻辑的严密性和应用的广泛性等特点，数学知识的学习离不开问题解决。问题解决是指综合地、创造性地运用各种数学知识解决那种并非单纯练习题式的问题，包括实际问题和源于数学内部的问题。可见，问题解决应该是数学学习的一个重要部分，是数学学习的内容之一。并且，问题解决既是一个过程，也是一种方法，更是一个人的综合能力的体现。

例如，人教版小学数学六年级上册的第八单元《数学广角——数与形》例2：计算$\frac{1}{2}+\frac{1}{4}+\frac{1}{8}+\frac{1}{16}+\frac{1}{32}+\frac{1}{64}\cdots$，这不是一道单纯的数学练习题，而是必须综合应用所学的数学知识和数学思想方法才能解决。教学时，我先让学生思考：这道题要计算无数个数的和，我们在研究问题的时候，是不是可以从比较少的数入手去研究，先研究两个数的和，再研究三个、四个、五个数的和，从中发现规律，然后再寻找答案。采用这种引导的话语，目的是先把复杂的问题转化为简单的问题，从特殊入手展开研究，再推广到一般化的情况。学生通过计算，得出$\frac{1}{2}+\frac{1}{4}=\frac{3}{4}$，$\frac{3}{4}+\frac{1}{8}=\frac{7}{8}$，$\frac{7}{8}+\frac{1}{16}=\frac{15}{16}$……于是，我让学生观察各道算式的得数，学生发现了“每增加一个数，和越来越接近1”，也有的学生发现：“前两个数相加的和比1少$\frac{1}{4}$，前三个数相加的和比1少$\frac{1}{8}$，前四个数相加的和比1少$\frac{1}{16}$……”这时，有的学生问：“这个越来越接近的数是多少呢？”在表扬这个学生乐于思考之后，我把问题抛给学生：“这个数是多少？能不能用画图的方式来表示呢？”在我的引导下，学生用图形来解决问题。对于大多数学生来说，“无限”是难以理解的一个概念。学生总是这样认为：这样一直加下去，结果会无限接近于1，但是它并不等于1。而借助画图，学生可以直观地感知：不管是正方形模型、圆形模型还是线段模型，在图形上依次画出它的$\frac{1}{2}$、$\frac{1}{4}$、$\frac{1}{8}$……一直画下去，无限地画下去，最终就会将整个图形填满。通过画图，以形助数，帮助学生理解抽象的“无限”，也使学生习得了数形结合的数学思想，同时培养了学生用学到的数学方法解决问题的能力，一举多得。

数学是一门思维的科学，培养学生的思维能力是数学教学的核心。因此，通过数学思想方法的教学，发展学生的思维能力，是培养学生数学素养的必要途径。

三、在交流活动中引导学生用数学眼光看待事物，提高学生的应用能力

数学课程标准明确指出：新课改要求教师充分利用学生已有的生活经验，从生活实际中引出数学问题，让学生体会到数学就在身边，感受到数学的趣味和价值，体验到数学的魅力，从而培养学生的数学应用能力。所以，数学教学不只是单纯地让学生获取数学知识，更重要的是培养学生在交流活动中用数学眼光看待事物，用数学知识解决实际问题的意识和能力。

1. 引导学生分析生活中的数据信息，感受数学知识的来源

对小学生来说，在生活中形成的常识、经验是他们学习数学的基础。而义务教育阶段的许多数学知识，如概念的产生、计算法则的由来、几何形体的特征及有关公式等，无不渗透着数学在现代生产、生活和科技中的应用。教师应充分利用这一特点，引导学生去寻找生活中的数学，了解数学知识的来龙去脉，体验数学来源于生活，让学生真正体会到“数学有用、要用数学”。

例如家中的水、电、煤气的收费单据和超市购物的小票等，学生通过观察上面的数据可以加深对“单价×数量＝总价”这一数量关系的理解。随着单据的增多，又可以应用统计方面的知识，画出统计图表，从中观察物价的涨跌、家庭消费的增减等信息，分析原因，得出结论。这既培养了学生的数学应用意识，又培养了学生的科学、理性消费的良好习惯。再如在教学“利息”前，我让学生做了两个准备工作：一是到银行存一次钱，二是调查一下一年期、两年期、三年期的年利率分别是多少。学生对此兴趣浓厚、跃跃欲试。课后他们或邀同学或和父母或独自操作完成作业。上课时，学生带来存单，纷纷告诉我他们的发现。学生在存钱的过程中接触到本金、利息、利率等概念，从而产生思索：什么是本金？什么是利率？什么是利息？它们有什么不同？存款到期后，将会有多少利息？怎样计算利息？用哪种方式存钱最划算？学生带着自己在生

活中发现的问题，主动地寻找答案。通过这样的课前活动，学生真正感受到数学就在身边，体验到学习利息的意义和作用。

2. 创设问题情境，给学生提供运用数学知识解决问题的机会

要认真挖掘数学知识在学生日常生活以及相关学科中的应用，精心设计问题情境，创造条件让学生运用所学的数学知识解决实际问题，从而让学生体验数学的应用价值。

例如，我在“乘法分配律”教学中有这样的活动设计：

师：本学期学校转入6名学生，学校需要统一购进6套课桌椅，每张桌子60元，每张椅子35元，一共需要付多少元？

（学生计算后口答，教师板书。）

生1：（60+35）×6
=95×6
=570（元）

生2：60×6+35×6
=360+210
=570（元）

师：谁来说说每个算式的解题思路？

生1：第一种思路是先算出每套课桌椅要多少元，再算6套课桌椅要多少元。

生2：第二种思路是先算出6张桌子和6张椅子各要多少元，再加起来。

师：观察两个算式，你发现了什么？

生1：两个算式是相等的。

生2：在两个算式中，6都是乘数，在第一个算式中用了1次，在第二个算式中用了2次。

生3：前面的算式是先算两个数的和再乘6，后面的算式是用两个数分别乘6后再相加。

师：是不是这样的算式都有这样的关系呢？我们一起来举一些例子验证。

在上述教学片段中，我创设了“购买课桌椅”的实际情境，引导学生结合具体的生活情境，初步理解两种不同的算法，体会“乘法分配律”的生活原型，并提出猜想，验证，逐步归纳运算定律，建立数学模型。

3. 鼓励学生用数学的眼光观察周围事物，寻找其中与数学有关的因素

在现实中，事物的存在形式是多样的，我们无法直接看到或读出它们的数学表现或描述，只有用数学的眼光观察周围事物，找出其中与数学有关的因素，才有可能进一步去探究其中的规律或寻求数学的解决办法。用数学的眼光观察周围事物，寻找其中与数学有关的因素，是主动运用数学的知识和方法解决实际问题的重要环节。教师要引导学生结合所学知识，走近生活寻找“活的数学”，使学生体验到生活中处处有数学，生活中处处需要用数学，从而加深学生对数学的理解，让学生体会数学知识的应用价值。

例如，在教完《圆柱体的体积》后，我让学生结合实际生活中的事例，说说在同等条件下，为什么电饭煲要制作成圆柱体，而不制作成长方体或正方体？学生议论纷纷，最后他们想到周长相等的长方形、正方形和圆形，圆形的面积最大，所以在同等条件下最好制成圆柱体，这样它的容积就大。由此而引出了学生的许多想法，有的想到饭碗、水桶、米桶等生活中的许多物体都做成圆柱形。学生只有在应用数学知识解决实际生活问题的过程中，才能体会到数学来源于生活并服务于生活，才能感受到数学的趣味和价值，体验到数学的无穷魅力。

又如，学习了“24时计时法”以后，教师可以让学生走出校门，去了解邮局、工厂、银行、超市等地方的营业时间牌上所表示的意思；教学正方体的概念，教师可以让学生自己准备各种正方体的实物，如魔方、骰子、食品盒等。然后由学生自己摸一摸、看一看，并对“它们都有什么共同的特点”进行讨论。接着，再让学生说说身边还有哪些实物的形状也具有这样的特征。最后由学生自己概括这些共同特征，得出正方体的概念。这样的概念教学，从看得见、摸得着的实物或感受得到的情境开始，在具体、形象的感知中，逐步抽象概括，建立概念，又从概念出发，寻找生活中的现实原型，从而沟通了数学与实际生活的联系，使数学概念深深扎根于学生的头脑中，学生也充分体会了数学与生活的联系。

再如，正负数概念的教学，正负数表示的是相反意义的量，知识相对比较抽象。我以学生生活中比较熟悉的实例为素材，为学生理解正负数提供了丰富的生活原型，如温度，高于零度的用正数表示，低于零度的用负数表示；海拔高度，高于海平面的用正数表示，低于海平面的用负数表示；记录成绩，答对的用正数表示得分，答错的用负数表示；还有储蓄卡，正数表示存入，负数表示支出；等等。在教学过程中，教师除了鼓励学生从数学的角度观察、用数学的语言描述周围事物和现象外，还应为学生提供尽可能多的数学问题，让学生从中去寻找相关的数学信息，并用数学语言表达出来。在春游活动中，教师可以鼓励学生用数学的思想和方法合理地解决问题，如根据出游的人数和租车的价钱合理租车的问题，根据要划船的人数和租大船、小船的不同价钱合理租船等数学问题，使学生明白数学的应用无处不在。经常这样教学，以后学生一看到某种生活现象或实际问题，就会很自然地想到是否可以用数学知识来解释或解决问题。

4. 通过综合实践活动培养学生的数学应用意识

培养小学生数学应用意识最有效的办法是让学生参加综合实践活动。综合实践活动是学与做的结合，学生在数学实践活动中认识数学的价值，逐渐形成数学应用意识。从课堂到实践，需要学生查找大量资料，找出实际背景中的数学知识，灵活地运用一些数学知识来进行方案设计。要解决问题，学生需要通过查阅各种资料、收集信息、处理数据、小组讨论等方式进行自主学习。在这个过程中，学生不仅体验到数学在实际生活中的作用，而且品尝到应用数学知识解决实际问题带来的成功喜悦，从而提高了学习数学的兴趣。综合实践活动是培养学生运用意识的很好的载体。低年级的学生可以开展一些小的操作、调查活动等，如一年级组织小调查活动：学校一年级有几个班？每班各有多少人？我们班男、女生各有多少人？喜欢看动画片的有多少人？喜欢踢毽子的有多少人？等等。中高年级，可以逐步开展一些主题实践探索活动或小课题研究活动，如购物中的数学问题、体育中的数学问题、旅游中的数学问题等。例如，学校将组织4～6年级学生去××公园、××桥、××院三个景点游览，时间从8：30到11：30，同学间合作，设计一个游览计划，包括时间安排、费用、路线等。学生为了设计游览计划，就要先去了解相关信息，包括景点之间的路线图、乘车所需时间、租车费用和游览时需带的物品等，然后再计算乘车所需的总时间、每个景点的游览时间、所需的总费用、每个学生需要交纳的费用等，最后借助数、图形、统计图表等表述出有关信息。这样的活动，让学生运用所学知识探索和解决一些简单的实际问题，在实践和应用中体会了数学，提高了学生的综合素养。

综上所述，培养学生应用数学的意识的途径还有许多许多，但归根结底还是需要学生联系生活实际，只有多用，才能有效地培养数学应用意识。教师在数学教学中应关注学生的学习活动，用一颗智慧的心，从数学学习的需要出发，充分挖掘生活中的数学素材，激活学生的生活经验，尊重学生对数学化生活的理解，引导学生养成用数学的眼光观察和分析周围事物的习惯，用数学的方法解决问题，真正把“数学生活化”这一新课程理念落到实处。

《义务教育数学课程标准（2011年版）》的课程总目标在“问题解决”方面强调：初步学会从数学的角度发现问题和提出问题，综合运用数学知识解决简单的实际问题，增强数学应用意识，提高实践能力。由此教师应注重数学与生活的联系，重视培养学生数学应用意识，并将培养学生数学应用意识落实到数学课堂的教学中。

浅谈如何在数学活动课中发挥教师的指导作用

数学活动课以其新颖的课堂形式和丰富性、趣味性而受到学生的热烈欢迎。它让学生通过动手、动口、动脑等丰富多彩的实验活动，牢固掌握数学知识，扩大知识面，并养成灵活自主的思考品质和不懈探索的学习习惯。数学活动课在整个素质教育过程中有着不可忽视的作用。

数学活动课没有统一的活动内容，形式也没什么限制，这就给每位数学教师以充分发挥的空间。那教师怎样才能发挥其指导作用呢？我认为可以从以下几个方面体现。

一、广泛取材，丰富内容

数学活动课内容的丰富性决定了取材的广泛性。它既可以通过各种活动课对课本的知识进行复习、巩固，也可以对某个知识点进行深化、延伸，还可以开辟新的知识领域，引导学生掌握更广泛的数学知识。例如，在“勇夺冠军”这节课中，我根据学生刚学过的知识设计“听故事猜冠军”“智闯题关”“错题防治”“难题集锦”等环节展开活动，把抽象、复杂的数学知识设计在学生感兴趣的各项活动中。先让学生通过游戏归纳出能被“2、3、5”整除的数的特征，再组织学生通过各种形式观察、探索出能被“9”整除的数的特征。这样使学生既发展了智力，又拓宽了知识面。在“找规律”这节课中，我给学生讲数学家高斯在10岁时快速运算 1 到100的和的故事，激励学生向高斯学习，看谁能找出其中的规律，使学生从小树立勇攀数学高峰的决心。

二、生动活泼，培养情感

小学生都比较好奇，喜欢新事物，所以数学活动课必须生动活泼。教师既可以编排一些学生喜闻乐见的内容，也可以采用多种教学手段寓教于玩，如制作精美图片、头饰、幻灯片和其他教具，让学生数一数、量一量、摆一摆、拼一拼、剪一剪、贴一贴、画一画。形式可以是抢答竞赛，也可以是游戏表演，可以讲数学故事，也可以参加实践活动。寓知识于趣味活动中，在生动活泼的活动过程中培养学生爱数学、学数学的情感。

三、突出个性，发展特长

活动课都有着很强的趣味性，所以无论是上层生，还是下层生，都很喜欢活动课，这就为因材施教提供了有利条件。在活动过程中，可根据各层次学生的个性特点，设计出不同特色、不同难度的活动。例如，在“智夺红旗”这节课中，我设计了“数学游戏”“数学病院”“趣题解答”等难度不同的活动项目，让学生根据自己的爱好和能力自愿组合成小组，同时展开活动竞赛，答对一道题奖一面红旗。这样，上、中、下三个层次的学生都找到了发挥自己聪明才智的地方。他们你争我抢，充分发挥自己的特长智夺红旗。到了最后，红旗最多的既有上层生，也有平时默默无闻的下层生。这样，既大大地提高了学生的学习信心，又突出了个性，发展了特长。

四、参与活动，点拨启发

活动课要体现学生的自主性，要有思考性和实践性，所以不能由教师一手包办。要放手让学生独立操作、独立思考，充分体现学生的主体作用。但教师也并不是只能当观众、听众。在必要时，教师要随时点拨、启发，让学生能够沿着正确的思路思考问题、解决问题。例如，在“数学门诊”这节课中，我选出班里几位成绩优秀的学生当“门诊医生”。我呢，则跟这几位学生一起扮起了“主任医生”的角色。班里的其他学生如果有什么找不出原因的错题可以自由“求医”。一般的错题都由“门诊医生”诊断，当遇到“门诊医生”诊断不了或“错诊”的时候，“主任医生”就立刻进行点拨、启发。这样，既不包办，也不放任自流，使学生在教师的指导下真正“活动”起来。

五、灵活调控，归纳升华

数学活动课采用的都是比较自由的活动形式，所以学生往往很容易就“乱了套”，这就需要教师做好组织策划工作，并在课堂上加强调控，使学生能够有秩序地活动。另外，学生在活动课中思维比较活跃，常常有意想不到的问题提出，所以教师要灵活应变，及时调整思路，帮助学生把获得的感性认识进行深入浅出的分析引导，归纳升华成为能够运用的理性认识。

总之，数学活动课要真正体现学生的主体作用，但也不能忽视教师的指导作用。如果说数学活动课是一篇动人的乐章，那么教师就是多才的作曲者；如果说数学活动课是一出精彩的戏剧，那么教师就是忙碌的导演。教师要经常往返于台前幕后，不断地穿针引线，引导学生兴趣盎然地走进数学王国，探索数学奥秘。

数学教学中的情境创设

“要培养学生的自主学习能力和自我发展能力，而不是让学生被动地、机械地接受知识”是当今素质教育的重要内容之一，且心理学也认为，“需要引发动机，推动人行动以实现目标”。这就要求教师在教学中发挥学生的主体作用，进行情境的创设，使之能自觉、主动地参与到学习过程中来。何谓情境创设呢？教学的情境创设是指创设有利于学生对所学内容的主题意义进行理解的情境。它是教学设计中的一个重要环节，它能使学生不知不觉地投入到学习中，参与问题的解决，有助于学生实现对原有认知结构的补充和完善，激发学生主动地将新旧知识进行相互联系、相互比较，主动调动原有知识结构中能解决新问题的那部分知识，将其重组、建构，找到新的解决问题的方法和途径，从而有效地学习新知。教学过程中的情境不是自发的，而是教师为把学生引入积极思维的状态而有目的地创设起来的。在教学过程中教师该在何时进行情境的创设，如何引导学生主动地学习呢？我认为可以从以下几方面入手。

一、情境创设于新知的引入时，能激发学生的学习兴趣

布鲁纳说：“学习的最好刺激，乃是对所学材料的兴趣。”众所周知，思维总是开始于疑问或问题，开始于惊奇或疑惑，开始于矛盾。所以，取材于学生身边的人和事，对教材进行再创造，让学生置身于熟悉的生活情境中进行学习，是引起学习兴趣、激发创新欲望的关键一步。例如，在一年级《分类与整理》的教学中，教师先准备了水果、玩具、学习用品、生活用品等一大堆东西，并把它们杂乱地堆放在一起，然后创设了售货员卖东西的情境。这一下激起了学生的兴趣，他们纷纷参加到买东西的活动中来。但不久他们就发现东西太乱买卖不方便。这时教师不失时机地问道：“有什么办法能使售货员阿姨很

快找到人家要买的东西呢？”学生们纷纷出谋献策，有的说增加货架，有的说把东西摆开，还有的说把东西摆放整齐，等等。教师紧接着问，该怎样摆放才整齐呢？并让学生们分组合作、动手探究。这一下就把学生的学习兴趣激发起来了，他们各有各的道理，各有各的分法，分类的方法想了一种又一种，掀起了一个个学习的小高潮，从而顺理成章地揭开了分类教学的序幕。这样，在引入新知时，教师通过情境创设，把学生引入熟悉的生活情境中，使学生带着对新知识的强烈渴求和对学习材料的浓厚兴趣，愉快地参与到新知的学习活动中去。

二、情境创设于新知的学习时，能促进学生的自主思维

在小学数学的课堂教学中，新知的学习过程就是解决问题的过程。由于学生总是带着“问题中心”的心理参加教学活动，所以创设的情境一般也是问题情境。这样，在新知的学习中，教师通过创设问题情境来促进学生的自主思维，激发内动力，达到使学生掌握知识、训练思维、发展数学能力的目的。

1. 让学生在创设的情境中，通过教师的有序提问，自主思维，找到解决问题的途径和方法

根据知识的系统性和学生认知发展的有序性，设置有一定层次、排列有序的问题情境，形成问题链扣，使学生在破解初始问题后，有种“一发不可收拾”的感觉，不断地探索与创新，力求解开全部问题链扣。例如，在《分类与整理》一课的教学中，教师先创设了这样的情境：讲台前放着1张大桌子，桌子上杂乱地摆放着3种食品（果冻、酸奶、饼干）、3种玩具（布娃娃、电动汽车、变形金刚）、3种学习用品（练习本、铅笔、橡皮）和3种日常用品（纸巾、洗发水、杯子），旁边放着4张小桌子。师问：“同学们，你们看老师为你们带来了这么多的物品，喜欢吗？谁想说一说你最喜欢什么？”（生自由发言）“大家觉得这些物品摆放得怎么样？”（生发言）“好多同学都说这些物品摆得很乱，那么你们能不能帮帮忙，把这些物品（食品、玩具、学习用品、日常用品）分一分、摆一摆，使它们看起来既整齐又美观？”学生上台动手分、摆这些物品，其他学生在座位上观察，议论他们摆得好不好。摆完后师接着问：“请你自己介绍是怎样分的，为什么这样分。”“他们摆放得好不好？”（其他学生评一评）“在这些物品的摆放上，你发现了什么？”“也就是把什么样的东西摆在一起？”“把同一类的东西摆在一起就是分类。”

（师板书：分类）

这样，通过这一系列有序的提问，教师不仅将学生的思维向课题目标层层推进，促使学生自觉探求新的解决问题的方法，更重要的是让学生体会到了学习新知识的方法，学会了解决问题的策略。这样的设计把程序性知识和策略性知识蕴含于问题情境之中，在解决初始问题的同时及其之后，思维自然与后一步问题的解决联系起来，集中思维、发散思维、推进式思维能够得到很好的锻炼与培养，解决问题的能力得到增强。

2. 让学生在创设的情境中，通过直观操作，自主思维，加深对知识的理解和记忆

皮亚杰认为，智力技能的形成是由感知动作开始的，活动、操作是小学生获取知识的重要途径。教师要结合教学内容，经常给学生提供亲自参与实践活动的机会，通过动手、动口、动脑促使外部学习活动逐步内化为自身内部智力活动，只有这样，才能促进自主思维，加深对知识的理解和记忆。

例如，在教学《圆锥的体积》时，在“圆柱形和圆锥形粮囤谁装的粮食多”的情境中，我先让学生猜想圆锥体积的计算方法。然后，让学生拿出各自在课前已准备的等底、等高的圆锥和圆柱，先参照教材中提供的方法做实验：在空圆锥中装上沙土，然后倒入空圆柱里，观察倒几次正好装满。学生理解、掌握“圆锥的体积等于和它等底等高的圆柱体积的三分之一”，即$V=1/3sh$。接着，再让学生互相交换圆柱或圆锥（让圆锥和圆柱不再等底等高）做实验。通过实验，学生不但深刻理解了计算公式中的关键“等底等高”的意思，而且总结了圆锥体积不等于三分之一圆柱体积的几种情况，如等高不等底、等底不等高、不等底也不等高等。通过动手操作实践，学生既轻松地掌握了知识，又激发了学习兴趣，还引发和培养了创新意识。

由此可见，在由教师创设的问题情境的诱发下，学生借助学具操作就能达到对新知识的初步掌握，这比教师直接给学生灌输知识理解得更深刻，记忆得更加牢固，运用时就更准确、迅速。正如皮亚杰所说，“智慧的鲜花是开放在手指尖上的”。

3. 让学生在创设的情境中，通过交流合作，自主思维，不断提高合作和创新学习能力

新课程倡导了三大学习方式：自主、合作、探究。因此，我们要给学生足够的时间和广阔的空间，让学生围绕探索的问题，积极进行交流合作，用自己的思维方式自由地、开放地去探索数学知识的产生、发展和形成过程，再由教师根据教学中的重难点自我设疑挑战学生，使学生积极主动地进行思考、交流与探索，最终自主释疑解惑。

例如，在《分类与整理》这一课中，当学生走进由教师创设的情境，发现桌上的物品摆得很乱，产生动手分类的强烈欲望时，教师因势利导："那么你们能不能帮帮忙，把这些物品分一分、摆一摆，使它们看起来既整齐又美观？"师先请五位学生上台动手分、摆这些物品，随后引导出什么是分类。接着，教师又问："我们已经学会了简单的分类，其实分类还有一定的技巧呢，想不想试一试？""请把桌子下装学具的袋子拿出来，小组同学合作，把袋子里的这些学具分类摆放好，看哪个小组分得又对又快！"通过小组合作，学生们的合作能力得到了锻炼：有的小组分工明确，有人找小棒，有人找三角形，有人找圆，有人找正方形，有人找五角星；有的小组先商量好各个杯子都要放哪种学具，然后一拿到学具就都对号入座。学生们的创新能力也得到了提高：有的小组按照颜色的不同分为四类，有的小组按形状的不同分成五类，等等。就这样，把学习的主动权完全交给学生，让学生亲身经历分类的过程，在合作交流中通过自主思维探索分类的方法，最终自主形成分类的思路。学生在合作分类、互相交流的过程中也促进了思维的互补，真正掌握了分类的技巧，亲身体验到了分工合作的乐趣，提高了创新学习能力。

由此可以看出，在课堂中，教师为学生创设适宜的问题情境，让学生通过交流合作、自主思维来掌握知识。这时学生的学习毫无强迫的痕迹，把"要我学"变成"我要学"，思维始终处于最佳状态，智慧的火花不断闪现，创新成为可能、成为现实。

4. 让学生在创设的情境中，通过教师的激励评价，自主思维，不断提高学习效率

数学是一门最接近纯粹逻辑的学科，它的内容安排不如语文等其他学科那样生动形象，没有经过细心编排的数学课堂会显得呆板、单调和乏味。为了调动起学生学习的热情和积极性，让课堂变得生动，教师在教学中要能用生动、形象和带有强烈情感的表达语言来创设情境，并对学生进行激励、评价，促进学生自主思维，提高学生的学习效率。

对于学生的发言或其他课堂表现，教师要善于通过激励性语言对其进行评价，让学生在心理上获得足够的自信和成功的体验，从而产生学习的兴趣，如“没关系，大胆地说。”“你很聪明，这个问题一定难不倒你的。”“你能说说怎样解决这个问题才最恰当吗？”“老师相信你们能自己想出办法来，请试一试！”“你很有创见，这非常可贵。请再响亮地说一遍。”等等。这使学生充分感受到老师的信任，感悟解决问题的方法的多样性，促使学生有更大的兴趣去探求新知的奥秘。

除此以外，还能多用幽默语言来创设情境。许多有经验的教师在上课时常会用一些恰当的风趣幽默的话来活跃课堂气氛。它不仅能起到组织教学的作用，还能使课堂上出现师生开怀大笑而又秩序井然的场面。例如，在讲《真分数和假分数》问题时，师说：“分子和分母就像孩子和母亲一样，孩子比母亲小，那是真的；但如果孩子跟母亲一样大，甚至比母亲还大时，那肯定是……”还没等教师说完，学生异口同声地说：“假的！”学生开怀大笑之后，教师说：“分子比分母小的分数叫什么？”学生答：“真分数。”“一样大或比分母大的呢？”“假分数。”这时学生欢快地叫起来。这样，学生在欢快的气氛中促进了自主思维，掌握了知识，提高了课堂效率。

三、情境创设于新知的应用时，能提高学生的应用能力

新课程标准中指出：“教师应该充分利用学生已有的生活经验，引导学生把所学的数学知识应用到现实中去，以体会数学在现实生活中的应用价值。”因此，新课后教师通过创设各种情境，让学生应用所学知识解决现实生活中的问题，让学生体会到数学就在身边，学到的数学知识能解决很多生活问题，就能激发学生的参与欲望。在学生积极主动参与练习的过程中发展学生的思维水平，使学生成为一个自觉的探索者、创造者。例如，在《可能性的大小》应用这一环节中，师先说：“看来同学们的反应还真够快的，其实利用这些规律还可以帮助我们解决生活问题呢。”接着课件出示生活问题。

（1）阴天图。师：有一天，小丽看见天阴沉沉的。小丽说：“今天一定会下雨！”听了小丽的话，你有不同的意见吗？（生答）

（2）百货商店。师：星期天，小红和她妈妈上百货商店，正赶上商店在搞抽奖活动。小红也参与了抽奖，那你能猜测她的中奖情况吗？（生答）

（3）师：想一想在我们生活中哪些事情发生的可能性大，哪些事情发生的可能性小？请大家来说一说。

由于有兴趣，所以大部分学生敢想敢说，课堂上不时响起阵阵笑声。本节课所学的知识在轻松、有趣的环境中得到了创造性的应用，学生的应用能力得到了提高。

总之，好奇是儿童的天性，好奇产生疑问，疑问促进思考。在教学过程中，教师适时地创设情境，设置思维障碍，使儿童的思维在好奇心的牵引下，在不断克服困难、解决问题的过程中呈螺旋式上升和发展。教师通过创设情境，利用儿童天生的好奇心，使其自主参与到学习的全过程中来，了解知识的发生、发展和形成过程。教师优化了的情境中重现了一次前人的科学发现过程，让学生从中学会思考，学会了科学发现的方法，也使他们潜在的创造力得到开发，使课堂教学真正成为素质教育的主阵地。

提高学习兴趣，激活创新思维

21世纪是知识经济的时代，也是创新的时代。江泽民同志指出："面对世界科技飞速发展的挑战，我们必须把增强民族创新能力，提到关系中华民族兴衰存亡的高度来认识。教育在培养民族精神和培养创新人才方面，肩负着特殊的使命。"可见，开展创新教育是全面推行素质教育的重要内容，也是教学工作者应重视的关键问题。那么，在什么情况下才能激活学生的创新思维呢？心理学研究表明：小学阶段的儿童对自己感兴趣的事情会尽力去完成。在遇到困难时，他们会主动地去探索、研究，创造性地得出解决问题的方法。教学实践也表明：人的学习活动往往是从兴趣出发，并被兴趣所左右的。学生只有对学习感兴趣，才会有敏捷的思维及创新的欲望。所以，要激活创新思维，必须先提高学习兴趣。

一、生活场景"引趣"，诱发创新欲望

我们在平时的教学中不难发现，教材中很多地方注重数学知识的严密性、逻辑性，但在内容的选择上往往忽视学生的主体性，忽视数学与学生生活的联系，显得比较枯燥抽象，难以引起学生的共鸣及使学生产生学习兴趣。所以，从学生身边的人和事中取材，对教材进行再创造，让学生置身于熟悉的生活场景中进行学习，是引起学习兴趣、激发创新欲望的关键一步。例如，在教学一位数乘整十、整百、整千的数时可创设这样的情境：国庆将到，各旅行社纷纷推出了各条旅游线路，如下表。

各条旅游线路费用

旅游地点	潮州	南澳	梅州	广州	北京
所需费用	40元	90元	300元	900元	2000元

如果你国庆准备和爸爸妈妈外出旅游，你将选择哪条线路？为什么？提出的问题是学生非常熟悉的事情，所以引起了学生的兴趣，激起了他们创新的欲望。学生们有的选择自己喜欢的城市，有的估计时间长短，有的考虑经济，还有的尝试运用在本节将要学习的一位数乘整十、整百、整千的口算方法计算出具体的结果来做出选择，等等。各人有各人的选择，各人有各人的理由，创新的欲望空前高涨。

二、情境问题“激趣”，激活创新思维

“问题是数学的心脏。”教师如果能把知识放在真实有趣的情境里，引导学生亲身经历知识产生的过程，所提的问题就能激起学生的学习兴趣，引起深层思维及创新思维。例如，在教学一年级“分类”这一内容时，教师先准备了一大堆东西，把它们杂乱地堆放在一起。教师还扮演起售货员卖东西。学生们一看都来了兴趣，纷纷参加到买东西的活动中来。他们有的想买水果，有的想买玩具，有的想买学习用品，有的想买生活用品，但东西太乱买卖不方便。这时教师不失时机地问道：“有什么办法能使我们快速地找到想买的东西呢？”学生们纷纷出谋献策。教师紧接着问：“该怎样摆放才整齐呢？你们先想一想，再分组合作，动手摆摆看。”这一下就把学生的创新思维激活了，顺理成章地揭开了分类教学的序幕。

三、小组合作“增趣”，碰撞创新火花

新课程倡导三大学习方式：自主、合作、探究。其中合作是在学生对所学知识充分感知并独立思考后，通过小组讨论或互相帮助来解决问题的一种学习方式。它在课堂上给了学生自主交流的机会，这不仅有利于发展学生的兴趣和认知能力，更能激发学生的创新情感。例如，在《代数初步知识的整理和复习》一课的教学中，我让学生回顾复习了代数初步知识的有关内容后，就让学生分组合作对所学的知识进行整理。这给学生们提供了充分交流创新点子的空

间，他们饶有兴趣地进行探究、讨论、尝试，最后小组统一了想法，并把它合作整理出来。在小组汇报的时候，各小组展示的结果让人感到十分振奋。他们有的用集合圈的形式，有的用树状形式，有的用括号形式，有的用花朵形式等进行整理，整理得既有条理又非常有特色。又如，在《圆的周长》这一节中，我先分给每组学生几个大小不同的圆，然后让学生分组合作探索怎样得出圆的周长。学生通过交流探索，得出了各种各样的方法：有的用绳子绕圆一周再量出绳子的长度；有的把圆在尺子上转一圈量出长度；有的把圆的周长先画在桌面上再用绳子圈出长度；有的量出直径，再用圆周率乘直径；等等。由此可见，小组合作是培养学生创新学习能力的一种有效形式。

四、应用练习“保趣”，提高创新能力

新课程标准指出要充分利用学生已有的生活经验，引导学生学数学、用数学，以体会数学在现实生活中的应用价值。实践表明，练习的设计如能让学生应用所学知识解决现实生活中的问题，让学生体会到数学就在身边，学到的数学知识能解决很多生活问题，就能使学生持续保持兴趣，并在应用的过程中提高创新能力。例如，在学生整理复习完代数初步知识后，我设计了这样的练习：暑假，我们参加夏令营，准备乘汽车到营地，单程车费10元钱，在营地度过了 5 天 5 夜，然后又乘车回来，车费又是10元。你能用含有字母的式子来表示这次参加夏令营的费用吗？由于学生们经常在暑假参加夏令营，所以这道题一提出就受到了他们的强烈关注。他们积极地发表意见，很快就应用掌握的知识写出了含有字母的式子：$5x+5y+20$（x为每天的用餐费用，y为每晚的住宿费用）。这时教师又问：“你认为每天的用餐费和住宿费应该多少才合适？带多少钱才够用呢？”这样一下子就把学生创新的闸门打开了，他们纷纷发表自己的看法。学生的创新能力得到了提高。

五、良性竞争“提趣”，营造创新氛围

小学生争强好胜，一提到竞赛，他们就来了精神。所以引进良性竞争，不仅能提高学生的学习兴趣，还能引起学生大脑皮层的高度兴奋，让学生潜在的创新能力最大限度地迸发出来。良性竞争可以通过形式多样的相互比评、自我较量、游戏竞争等形式来激发学生的学习进取心，营造创新氛围。例如，在教

完除数是一位数的口算除法后，教师可设计一些口算比赛，要求学生既要比谁算得又对又快，又要比谁用的口算方法妙。对参加回答的学生都给予鼓励，回答得有创新思想的学生可随意出题考别人。这样的学习形式很受学生的欢迎，大家你争我赶，同学间形成了强烈的竞争意识，大家都想考别人，人人都想创新，浓浓的创新氛围很快就营造起来了。

总之，教师如果能够在平时的教学中努力创设民主、宽松又具竞争性的课堂环境，多引导学生进行自主探究、交流合作，就能提高学生的学习兴趣，激活学生的创新思维，提高学生的创新能力。

第五章

重实践 更走心

——精心诠释说课的魅力

5

《分数的意义》说课稿

一、说教材

1. 教学内容

《分数的意义》是人教版小学数学五年级下册第四单元的第一个内容。

2. 地位和作用

这节课是在三年级学生对分数已有了初步认识的基础上进行教学的。本课中单位“1”和“分数单位”这两个概念是构成分数概念的重要组成部分，承载着沟通新旧知识间的联系、理解部分与整体的关系、感悟分数所代表的具体数量等使命，是小学生认识分数意义的一次重要扩展。

3. 教学目标

知识与技能：使学生在初步认识分数的基础上，理解分数的意义，掌握分子、分母和分数等概念的含义。

过程与方法：引导学生参与整个学习活动，经历比较、交流、动手操作、观察、思考、猜想、总结等学习过程，自主掌握知识。

情感态度与价值观：让学生在自主、交流、探究的过程中感悟新知，使学生体会到分数就在我们身边，体验到学习数学的快乐，激发起探究数学的兴趣和热爱生活的积极情感。

4. 重点与难点

重点：理解分数的意义。

难点：认识单位“1”和概括分数的意义。

5. 教具和学具准备

教具：多媒体课件、12根小棒。

学具：12根小棒，学生自制的表示$\frac{1}{2}$的作品。

二、说教学设计理念

数学课程标准指出：让学生在观察、操作、猜测、交流、反思等活动中逐步体会数学知识的产生、形成与发展的过程，获得积极的情感体验，感受数学的力量，同时掌握必要的基础知识与基本技能。因此，在本节课中我精心预设、大胆重组，以实现新课改理念——变传统讲解式的概念教学为可触摸、可感知的体验过程。

三、说教学策略与学法

课上，我以学生已有的分数的初步认识为知识基础，通过开放、重组教学内容，由具体到抽象、由个别到一般展开概念的形成过程，以增强活动的指向性、针对性，使学生认识到分数是无穷的、生动具体的、富有生命力的。在学法的指导上我主要是在关键环节引导学生通过比较、猜想、合作交流、自主探究等形式参与教学的全过程，体现了数学学习是让学生经历数学活动过程的新课程理念，使学生成为学习的主人。

四、说教学过程

为实现教学目标，对于整个教学过程的设计，我力求体现“教师是学习的组织者，学生是学习的探究者”这一理念，以“创境—建模—释疑—应用”这一教学模式为主要框架来展开教学活动。

（1）复习寻根，引入新知

（2）活动探究，新知建模

（3）释疑应用，回归生活

下面我具体说一说这节课的各个教学活动过程。

（一）复习寻根，引入新知

（1）你能用分数表示图中涂色部分并说出每个分数所表示的意思吗？

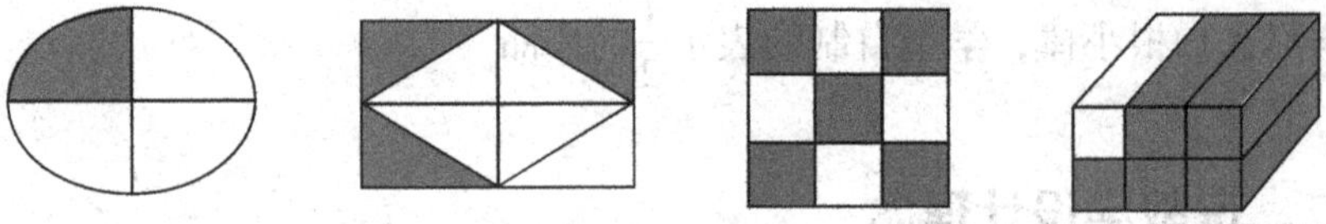

（　　）　　（　　）　　（　　）　　（　　）

（2）通过课前预习，关于分数的意义你知道了什么？与三年级所学的分数的初步认识进行比较有什么相同、不同之处？

（设计这样的题目，通过新旧知识的比较，让学生明确：以前平均分的是一个物体，现在平均分的不只是一个物体，还可以是由一些物体组成的一个整体。分数的意义只是在进一步扩大平均分的范围而已，但单位“1”这一概念对于学生来说还比较抽象。于是我把发言权交给学生，让学生举一些单位“1”的例子，通过举例丰富学生对单位“1”的理解，为分数意义的理解做好知识准备，更让学生自觉地把新知纳入已有认知结构中，感悟知识的形成过程。）

（二）活动探究，新知建模

1. 认识单位“1”——进一步扩大平均分的范围

课件出示：1个苹果，2个苹果，6个苹果，100个苹果……当我们把一些物体看作单位“1”时，通常用一个集合圈把这些物体圈起来。单位“1”可以很大也可以很小，单位“1”是一个物体时的结果我们已经学习过，今天我们重点研究单位“1”是一些物体时的结果。

2. 再认识——建构分数的意义

引领学生建构分数的意义是本课的重点，仅凭学生的自主交流学习很难实现，能否发挥教师的主导作用关系到这节课的成败。所以这里我设计了4个环节，引领学生建构分数的意义。

（1）看一看，说一说。

分苹果图

课件分别演示：把1个、2个、6个苹果平均分成2份，学生说出它的一份是它的（　　），一份是（　　）个。

（2）想一想，填一填。

把20个苹果平均分成2份，其中的一份是这些苹果的（　　），一份（　　）个。

把100个苹果平均分成2份，其中的一份是这些苹果的（　　），一份（　　）个。

把一堆苹果平均分成2份，其中的一份是这些苹果的（　　），一份（　　）个。

（3）画一画，议一议。

用自己喜欢的方式表示$\frac{1}{2}$，让学生上台展示自己的作品。

（4）有疑有问，升华认识。

（在这里我设计了两个问题：①我们所分物体的形状不同、数量不同，为什么都可以用$\frac{1}{2}$表示？②同样是$\frac{1}{2}$，为什么每个$\frac{1}{2}$表示的个数不一样？$\frac{1}{2}$的再认识是本节课的高潮，它承载着沟通新旧知识间的联系、理解部分与整体的关系、感悟分数所代表的具体数量、升华学生对分数意义的理解等诸多使命。所以在这里我用足了时间，发挥教师的主导作用，通过多样化的形式丰富学习素材，逐步深化学生的认知，两个问题的设计更是把学生的思维从肤浅引向深刻，使学生深刻把握分数的内涵。）

3. 小棒游戏——提升学生对分数意义的理解

（1）拿出12根小棒的$\frac{1}{2}$。

（2）拿出12根小棒的$\frac{1}{(\ )}$。

（3）拿出12根小棒的$\frac{(\ )}{6}$。

（4）通过这个游戏你想说点什么？

（在这个小棒游戏中，学生从开始的随意拿取，到知道必须填上分母、分子才知道平均分成几份、拿出几份，加深了对分子、分母及分数意义的理解。）

4. 砌分数墙——认识分数单位，拓展思维

（1）初步认识分数单位。

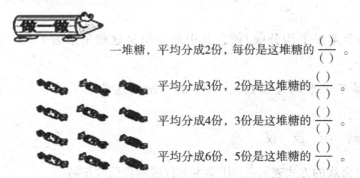

一堆糖，平均分成2份，每份是这堆糖的$\frac{(\ )}{(\ )}$。

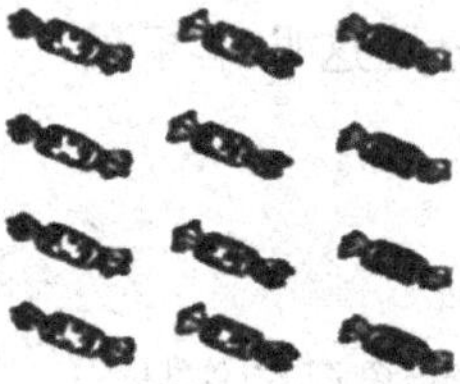

平均分成3份，2份是这堆糖的$\frac{(\ )}{(\ )}$。

平均分成4份，3份是这堆糖的$\frac{(\ )}{(\ )}$。

平均分成6份，5份是这堆糖的$\frac{(\ )}{(\ )}$。

让学生完成这道题，并猜测每个分数的分数单位是什么。这一个环节我让学生充分发挥主体地位，放手让学生交流、汇报，让学生自己总结出什么是分数单位。

（2）借助分数墙深化学生对分数单位的认识，使学生感悟数学的魅力，体验数学的乐趣。

课件动态演示：

借助分数墙我设计了以下问题：

① 会得到多少个分数单位？（无数个）

② 观察分数墙，你能发现什么？（砖越分越小 $\frac{1}{2}$大于$\frac{1}{3}$大于……）

③ 你能在分数墙上找一个和$\frac{1}{2}$相等的分数吗？能找到几个？和$\frac{1}{3}$相等的分数呢？（初步感知分数的基本性质）

④ 运用分数墙可以解决在分数学习中的许多问题，感兴趣的同学可以继续研究，你还能提出什么问题？

（本环节再次发挥教师的主导地位，挖掘分数墙的教育功能，引导学生在轻松、快乐的氛围中获取数学知识，体验数学知识可触摸、可感知的特点，充分拓展学生的思维。）

三、释疑应用，回归生活

1. 分数的产生和演变

学生自己阅读课本，课上交流，体会分数的产生是人类智慧的产物。迄今为止，分数的产生已有三千多年。当一些问题用已有知识解决不了时，人们就会积极寻找合适的方法。也正是问题—发明—新问题—新发明的过程，推动着数学和社会的发展进步。关于分数的知识还有很多，只要在百度首页输入“分数”二字，你会找到关于分数的许多知识。

2. 随堂作业巩固新知

（1）分一分。

把6根小棒平均分成几份，你有几种不同的分法？每种分法能写出几个分数？

（这道练习能巩固、深化学生对分数意义的理解。）

（2）猜一猜。

根据告诉你的信息猜出一共有几根小棒（阴影盖住部分小棒）。

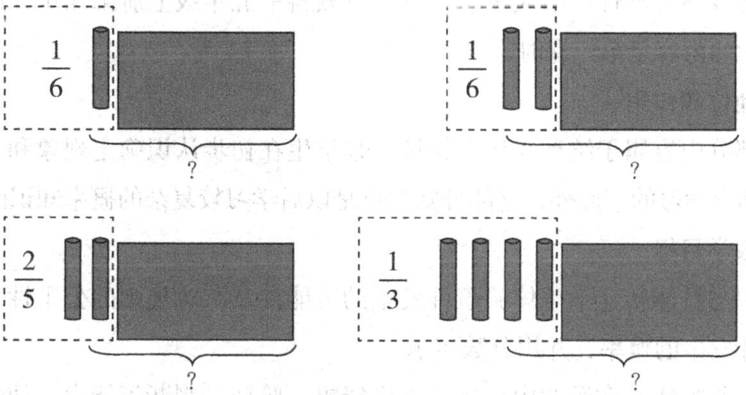

（检查学生由部分知道整体的能力，发展学生的思维能力。）

板书设计：

分数的意义

一个物体 }
一些物体 } 单位“1”　　平均分　　一份或几份
↓
（分数单位）

《统计与可能性》说课稿

一、说教材

1. 教学内容

《统计与可能性》是人教版义务教育教科书五年级上册第四单元的内容，本课教学的内容是第三课时。

2. 地位和作用

这部分内容属于统计与概率领域，是学生在初步认识确定现象和不确定现象的基础上学习的。此外，这部分知识也是以后学习较复杂的概率知识的基础。

3. 教学目标

知识与技能：让学生体验事件发生的可能性及游戏规则的公平性；会求简单的事件发生的概率，并用分数表示。

过程与方法：在游戏中，培养学生猜想、验证、判断等能力，使学生能够运用所学知识和生活经验解决生活实际问题。

情感态度与价值观：在潜移默化中培养学生的公平、公正意识，促进学生正直人格的形成，激发起学生探究数学的兴趣和热爱生活的积极情感。

4. 教学重难点

重点：体验事件发生的可能性的大小，会用分数表示。

难点：辨别游戏规则是否公平以及能设计公平的游戏方案。

5. 教具与学具准备

教具：多媒体课件，硬币，长方体、正方体骰子和装有黄白球的小盒，玻璃缸。

学具：小组调查表、硬币。

二、说教学设计理念

新课程标准强调：数学教学要紧密联系学生的生活实际，向学生提供充分从事数学活动的机会，帮助他们在自主探索和合作交流的过程中掌握数学的知识技能、思想和方法。因此，在本节课中我精心预设，以实现如下理念：

数学源于生活——引导学生在熟悉的生活情境中感知不确定事件发生的可能性。

亲身经历过程——让学生在自主探索、合作交流的过程中体验不确定事件发生的可能性。

数学回归生活——指导学生运用所学知识解决生活中有关可能性的问题。

三、说教学策略与学法

生活是数学的源泉。为了体现所学内容与现实生活的密切联系，在教学时，我采用了“创设情境”“探究发现”“游戏探索”“解决问题”“精心设练”等教学方法，把静态的教材变成动态的教学内容，充分调动学生学习的积极性，使学生学得主动、学有成效。在学法的指导上我主要引导学生进行猜想、分组实验，采取自主探究、合作交流等形式的“探究学习法”，使这些形式参与教学全过程，体现了数学学习是让学生经历数学活动过程的新课程理念，使学生真正成为学习的主人。

四、说教学过程

为实现教学目标，对于整个教学过程的设计，我力求体现“教师是学习的组织者，学生是学习的探究者”这一理念，以“创设情境，感受新知—活动探究，引导发现—游戏探索，体验公平—思维拓展，实践应用—课外延伸，渗透知识”这一教学模式为主要框架来展开教学活动。

（一）创设情境，感受新知

1. 课件情境感知新知

兴趣是最好的老师，只有兴趣才能激发学生的学习热情，而创设情境又是产生兴趣的前提。首先我利用一句“同学们，你们在课间都喜欢哪些活动呢”来调动学生的情绪，这样学生都会争先恐后地回答。接着我适时提问：“同学们知道我国的国球是什么吗？今天老师给大家带来了一段乒乓球比赛前的录像，现在请同学们认真观察他们在干什么？”（播放多媒体课件）（这样学生的注意力立刻都集中在了这场比赛上。这个时候我便提出问题：“你们认为录像中抛硬币决定谁先开球公平吗？为什么？说说你的想法。”这样的设计激发了学生学习的兴趣，充分调动了学生学习的积极性，很顺利地揭示了课题，学生在轻松、愉快的氛围中进入下个阶段的学习。

2. 生活情境感知新知

接着我让学生自由发言，列举出生活中用抛硬币决定先后顺序的事例还有哪些，使学生感受到等可能性的应用在我们身边随处可见。

（二）活动探究，引导发现

1. 合作试验，深刻体会

为什么在各项比赛中经常利用抛硬币来决定先后顺序呢？（因为抛出的硬币出现正面的可能性是1/2，出现反面的可能性也是1/2，它们的可能性是相等的）请大家推测一下，如果每人用硬币抛10次，出现正面的次数可能是多少次？出现反面的次数可能是多少次？它们出现的可能性还会不会是1/2呢？由此我引导学生进入了小组实验。

出示实验要求：

（1）每人独立抛10次，并记录抛掷的结果（抛出的高度大约20厘米）。

（2）实验完成后思考：正面朝上的次数与总次数的关系。

学生每8人分为一组，每人抛10次硬币，把结果记录在纸上，然后由小组长汇总本组情况并共同填写下表。

小组试验统计表

组别	抛硬币总次数	正面朝上次数	反面朝上次数
总计			

在这一教学环节中，我试图让学生自己说出，“虽然每个小组出现正面的次数比出现反面的次数多一些或少一些，但从总计可以看出出现正面的次数差

不多占总次数的1/2，出现反面的次数也接近总次数的1/2”。

2. 课件出示，深化认知

为验证这点，课件出示科学家的实验结果，使学生的认知与思维活动逐步深入，了解正面朝上和反面朝上的概率是1/2，体验事件发生的可能性，从而验证乒乓球比赛中采用抛硬币来决定谁开球的规则是公平的。

各科学家抛硬币次数统计表

数学家	总次数	正面朝上	反面朝上
德·摩根	4092	2048	2044
蒲丰	4040	2048	1992
费勒	10000	4979	5021
皮尔逊	24000	12012	11988
罗曼列夫斯基	80640	39699	40941

（三）游戏探索，体验公平

学到此处，我告诉学生：等可能性不仅在抛硬币问题中存在，在生活中也经常可见。

同学们一定非常喜欢玩游戏，接下来我们就来玩游戏。（通过下面的游戏引发一系列有关可能性的大小及游戏的公平性的问题。）

（1）课件出示掷骰子的游戏，问：你们想玩吗？游戏规则是什么？（让学生说说。）

（2）把全班学生分成红、黄、蓝三队，每队选出一名代表上台玩游戏。

（3）为了确定各队走的先后顺序，课件出示一个转盘：蓝队占一半，红、黄队各占1/4。（出示后红、黄队的学生一定高呼“不公平”，由此让学生体验游戏应讲究公平，培养学生的公平意识。）

（4）如果这是一个不公平的转盘，那应该怎样设计才能使转盘公平。（引导学生设计出公平的游戏方案：红、黄、蓝三队应该都占1/3的大小。我按学生的方案重新设计转盘，然后转动转盘确定各队的先后顺序）

（5）教师拿出长、正方体的骰子准备给各队代表掷，问：“你会选哪一个？”（引出应选正方体的骰子才合适，因为正方体各个面的大小相同，掷出每个数字的可能性才相同，而长方体写着1和2的面比其他面大，掷出1和2的可能性就比其他面大得多，所以这样不公平。）

（6）开始游戏，按照之前确定的先后顺序进行游戏。（教师强调：为了节省时间，先到的队赢，就不退回来了。）

（7）游戏结束后，教师紧接着问：如果重新游戏，还是刚才赢的队获胜吗？（引出其实每个队获胜的可能性都是1/3。）

这一环节的设计是为了在游戏中培养学生的猜想、验证、判断能力，使学生能够运用所学知识和生活经验解决生活实际问题，让学生体验到数学来源于生活又服务于生活。

（四）思维拓展，实践应用

出示一个装有小球的塑料盒，提问：

（1）里面有黄、白两色小球，你知道摸到黄色小球的可能性是多少吗？（因为教师没有告知两色小球各有多少个，学生肯定会答不出或答错。这时教师适时引出想要知道可能性是多少还要知道每种小球各有几个。）

（2）接着教师把小球倒在透明的金鱼缸里，让学生知道两色小球的个数：黄色1个，白色6个，再次提问刚才的问题，学生就能很快答出是1/7。

（3）如果想要摸到黄色小球的可能性是1/9，应怎样做？（学生答出应增加2个白球。）

（4）如果想要摸到黄色小球的可能性是白球的1/2呢，又应该怎样做？（因为这是一道拓展题，答案多种，我引导学生分小组讨论，由此可以增强学生思维的灵活性，让学生体验解决问题的多样性。）

这道拓展题的设置把学生的学习推向另一个高潮。学生经过讨论可能会提出许多方法，如有的学生会说“拿掉4个白球”，也有的学生会说“增加2个黄球”，等等。引导学生说出只要白球的个数是黄球的2倍就行。这样，学生在实践中发掘潜能、提高能力，并从中亲身体验数学的无限魅力。

（五）课外延伸，渗透知识

为了进一步激发学生的求知欲，扩大学生的知识面，引导学生更广泛、更主动地获取课外知识，提高学生的学习兴趣，我适时小结并安排了以下的“概率小知识”。

我们今天学习的内容在数学上属于概率问题。概率问题在现代生活中也有广泛的应用。例如，天气预报、降水概率的预报、航天飞机的发射等，都运用

到了概率的知识。老师上网查阅了与此相关的资料，我们现在来看一看。（课件出示《概率小知识》）

概率小知识

概率主要研究不确定现象，它起源于博弈问题。15—16世纪，意大利数学家们曾讨论过“如果两人赌博提前结束，该如何分配赌金”等问题。例如，两个人做掷硬币游戏，掷出正面甲得1分，掷出反面乙得1分，先得到10分的人赢得一个大蛋糕。如果游戏因故中途结束，此时甲得了8分，乙得了7分，那么他们该如何分配这个蛋糕？

为了回答类似上述问题，人们对不确定现象做了大量研究，前面已经列举了历史上一些数学家所做的掷硬币实验的数据。

对不确定现象的研究，最终导致了概率论与数理统计这门学科的出现。它自产生之日起，就与人们的实际生活有着紧密的联系，并且解决了许多科技发展中的问题。正因为如此，这门学科有着很强的生命力和广阔的发展前景。

（六）小结与作业布置

这节课你学会了什么？你对自己的表现满意吗？通过学生的自评、互评让学生感受到收获的喜悦。

作业：自己设计一个公平的游戏方案，然后与同学分享。

最后说说板书设计：这节课的板书，都是由学生经过猜想、讨论得到的结论。这样的板书简单明了，可以启发学生的思维，加深学生对知识的理解，起到了“画龙点睛”的作用。

板书设计：

统计与可能性

正面朝上	1/2	可能性相等
反面朝上	1/2	公平公正

《两位数乘两位数的笔算乘法（不进位）》说课稿

一、说教材

1. 教学内容

人教版义务教育教科书三年级下册第46页《两位数乘两位数的笔算（不进位）》及做一做。

2. 地位和作用

这节课的内容属于数与代数领域的知识范畴，是在学生掌握了两位数乘一位数和整十数乘整十数的相关知识的基础上进行教学的。如果学生掌握了不进位的两位数乘两位数的解决问题策略和计算方法，那接下来的进位的两位数乘两位数的乘法就迎刃而解了。在本节课中，如果学生能亲历建构两位数乘两位数的数学模型的过程，感受到方法和算法的多样性，还能为今后解决生活中遇到的因数是更多位数的乘法问题打下坚实的基础。

3. 教学目标

知识技能目标：学生通过经历探究建构两位数乘两位数（不进位）数学模型的过程，理解其算理，掌握其计算方法。

过程方法目标：学生通过小组和全班同学的交流，感受计算两位数乘两位数的方法和解决问题的多样化，培养数感和数学思维意识及交流能力。

情感态度目标：在解决问题的过程中，培养学生的数学兴趣，使学生感受到数学与生活的密切联系，提高数学素养。

4. 教学重难点

重点：在建构两位数乘两位数（不进位）数学模型的探索中，让学生理解和掌握解决问题和计算的方法。

难点：建构两位数乘两位数（不进位）的数学模型。

5. 教具与学具准备

教具：多媒体课件。

学具：点子图。

二、说教学设计理念

新课标指出：数学课应紧密联系学生的生活实际，从学生的生活经验和已有知识出发，提倡学生亲历建构数学模型的过程，鼓励解决问题策略和算法的多样化。本节课我结合我校正在研究的省级课题“小学数学课堂活动设计与培养学生数学素养关系的探究”，精心预设，努力落实新课程标准的理念。

三、说教法与学法

在教学时，我运用了发现法、数形结合法、转化思想法及数学模型思想法等教学方法，充分调动学生学习的积极性，使学生学得主动、学有成效。在学法指导上我主要引导学生通过自主探究、合作交流参与教学全过程，体现了数学学习是让学生经历数学活动过程的新课程理念，使学生真正成为学习的主人。

四、说教学过程

为实现教学目标，对于整个教学过程的设计，我力求体现“教师是学习的组织者，学生是学习的探究者”这一理念，以“创设情境，培养数感—探究发现，合作建模—归纳总结，巩固应用—畅谈收获，提高素养”这一教学模式为主要框架来展开教学活动。

（一）创设情境，培养数感

课一开始，我就打破传统课堂的教学模式，不安排复习铺垫环节，而是与学生做了如下谈话：同学们还记得2015年9月3日纪念世界反法西斯战争胜利70周年的阅兵大典吗？这真是一次盛大的活动（课件播放阅兵片段），我们的解放军叔叔们穿着海、陆、空三军特色的制服，列成了整齐的方阵，等待着领导的检阅。在这些方阵中，我们还特别注意到了一个特殊的队伍——抗战老兵方阵。要知道我们今天的幸福生活可是这些老兵们抛头颅、洒热血换来的。（课件出示老兵图片）

请同学仔细观察老兵们乘坐的敞篷军车所列成的方阵，你能提出哪些数学问题？（学生可能就会提出：每辆军车有多少人？2辆有多少人？一共有多少人？）

我先表扬学生提的问题有价值。接着引导：现在我们知道每辆军车有12人，要知道14辆军车有多少人，该怎样解答呢？（教师根据学生的回答板书12×14）你能猜一下14辆军车大约有多少人吗？（学生估算）有什么办法能准确地知道有多少人呢？这就是这节课我们要解决的问题。（板课题）

（此部分，我创设学生比较感兴趣的情境，希望学生能自主提问，寻找条件，为建构12×14数学模型做准备。另外，通过阅兵片段培养学生对数的感知和直觉思维能力，培养估算意识，也使学生得到一次爱国主义教育。）

（二）探究发现，合作建模

1. 自主探究，尝试算法

关于两位数乘一位数的方法我们已经熟悉，那么怎样计算两位乘两位数呢？（本部分我将培养学生根据自己的已知进行大胆思考猜测的意识，并为解决新知、掌握算理和算法做铺垫。）

课件由图片抽象出点子图。我提出要求：请大家开动脑筋，利用手中的点子图圈一圈、画一画，然后对应用算式算一算，看看能用什么方法来计算12×14。

（这一环节利用点子图与算式相对应，数形结合，有利于学生更好地理解算理和算法。可能学生建立12×14数学模型的想法不同，思考的方向不同，导致计算方法不同，所以尽可能让学生用比较多的方法计算。）

2. 小组交流，组内汇报

刚才老师看大家计算时有好多种方法，请同学们先在小组里进行交流，和同学比一比谁的方法多，再和同学一起讨论，谁的方法更好。

（通过小组交流解决问题的方法和思路，实现算法多样化，培养了学生数学交流的能力。）

3. 全班汇总，呈现算法

（1）交流计算方法。

教师请小组代表到讲台上汇报探究成果，预设学生的计算方法：

12+12+…+12=168（14个12相加）；

12×2×7=168；

12×10+12×4=168；

……

学生如果汇报不全面，可问：同学们仔细观察是否还有其他算法？引导学生进行二次探究。

（2）理解计算方法。

学生交流哪一类算法更加适合自己进行计算，通过对比交流形成共识：第1种方法计算时比较麻烦，第2种不太适应全部的数，第3种更加合理。

（3）优化计算方法。

我指着第3种方法：是呀，这个同学很有办法，既然算14个12不好算，那就先算10个12，再算4个12，然后再相加，就变得简单了。这种思路实际是把我们没学过的两位数乘两位数的算式转化成了我们学过的两位数乘整十数和两位数乘一位数的算式。这是我们数学学习中经常用到的一个很重要的方法——转化。（板书：转化）

4. 再次探究，构建模型

（1）自主探究用竖式计算的方法。

师：像这种横式是表示口算过程的方式，我们以前还学过什么呢？（竖式）想一想，怎样用竖式计算？尝试着做出来，遇到困难可以和小组同学交流。

（2）全班交流用竖式计算的方法。

预设教师在学生自主探究时收集如下做法进行展示：

展示：
$$\begin{array}{r} 12 \\ \times 14 \\ \hline 168 \end{array}$$

师问：一部分同学是这样写竖式的，你觉得这样列竖式行不行？引导学生知道虽然得数是对的，但看不出168是怎么算出来的，所以不可以这样写。

展示：

$$\begin{array}{r} 12 \\ \times\ 4 \\ \hline 48 \end{array} \qquad \begin{array}{r} 12 \\ \times 10 \\ \hline 120 \end{array} \qquad \begin{array}{r} 48 \\ +120 \\ \hline 168 \end{array}$$

学生可能会说：我们以前学习用竖式计算都是用一个竖式，他这样用三个竖式太麻烦了。师：直接写出得数大家觉得不能体现计算过程，3个竖式大家又觉得太麻烦了。有没有一个两全其美的方法呢？（把三个竖式合并一下就行了）

展示：

$$\begin{array}{r} 12 \\ \times 14 \\ \hline 48 \\ +120 \\ \hline 168 \end{array}$$

让学生边展示边说明计算过程：先用个位上的4去乘第一个乘数，得48，表示 4 辆车的人数。再用十位上的 1 去乘第一个乘数，因为这个 1 在十位，表示10，得120，表示10辆车的人数。最后把这两部分所得的积相加，得168。

教师再引发学生思考：120个位上的0能不能省略？加号可不可以省略？根据学生的讨论结果把0、+擦掉，从而完成了两位数乘两位数的建模。

（三）归纳总结，巩固应用

1. 梳理过程，归纳总结

师生共同梳理过程：其实两位数乘两位数的笔算方法与前面其中一种方法是一样的，只是一个是横写，一个是竖写。归纳总结两位数乘两位数的笔算方法，特别注意乘数十位上的数和另一个乘数相乘时，积末位的定位。

2. 巩固应用，拓展延伸

（1）解决课本例题。

课件出示例题情景图，让学生独立完成14×12的竖式，计算后交流计算过程，说出每一步和处理。

（2）完成教材第46页的“做一做”。组织学生开展比赛，看谁算得又快又对，算完后互相检查计算的过程和结果，评一评，谁完成得最好，对完成得最好的小组进行奖励。这样，学生在竞赛活动中既巩固了所学新知，又获得了成功体验，进而加深理解。

（3）数学医院：森林里的小树生病了，啄木鸟请同学们一起帮忙为小树诊断。（课件出示）

（四）畅谈收获，提高素养

这节课你学会了什么？你对自己的表现满意吗？自评、互评让学生感受到了收获的喜悦，提高了学生数学语言表达能力等数学素养。

最后说说我的作业布置和板书设计，作业为完成教材第47页练习十第3～5题。这是我的板书设计（指黑板），我的板书简明扼要，既呈现了笔算的格式，又体现了笔算的构建过程。

板书设计：

笔算乘法

12×4=48

12×10=120

48+120=168　　转化

$$\begin{array}{r} 12 \\ \times\ 14 \\ \hline 48 \\ +120 \\ \hline 168 \end{array}$$

表示4辆车的人数 ——→ 48　…12×4的积

表示10辆车的人数 ——→ +120　…12×10的积

《秒的认识》说课稿

一、说教材

1. 教学内容

《秒的认识》是义务教育课程标准实验教科书《数学》三年级上册第五单元《时、分、秒》的一个教学内容。

2. 地位和作用

《秒的认识》是在学生已经认识了时、分的基础上进行教学的。本单元内容预设3课时，对于本课时（第一课时）的教学我结合学生的生活经验，让学生初步建立1分、1秒的时间观念，形成较为系统的时间知识体系，为下面有关时间的简单计算打好基础。

3. 教学目标

知识与技能：让学生初步建立秒的时间观念，知道1分=60秒。

过程与方法：通过实物演示，使抽象的时间单位表象化；学生通过观察交流、合作探究，经历更丰富的时间观念的感性认知。

情感态度与价值观：让学生感知数学源于生活并应用于生活，体验学数学、做数学的快乐，逐步养成遵守和爱惜时间的好习惯。

4. 重点与难点

重点：认识时间单位秒，知道1分=60秒。

难点：初步建立1分、1秒的时间观念。

5. 课前准备：

教师：钟面、多媒体课件、各种活动材料。

学生：钟面，收集1分钟、1秒钟能做什么的数学信息。

二、说教学设计理念

时间单位不像长度单位、重量单位那样可以物化，比较抽象。因此，在教学中为了更好地体现新课标、新理念，我把“回归生活体验，引导学生发现”确定为本节课的教学理念。

三、说教学策略与学法

生活是数学的源泉。在教学时，我采用了“创设情境”“引导发现”“直观演示”“精心设练”等教学方法，把静态的教材变成动态的教学内容，充分调动学生学习的积极性，使学生学得主动、学有成效。在学法的指导上我主要引导学生通过“自主探究、合作交流、快乐体验、相互评价”等形式参与教学全过程，使学生真正成为学习的主人。正所谓“教法为学法导航，学法是教法的缩影”。

四、说教学过程

为实现教学目标，对于整个教学过程的设计，我力求体现“教师是学习的组织者，学生是学习的探究者”这一理念，以“创设情境，激发兴趣—自主探究，合作求知—联系生活、亲身体验—精心设练，拓展延伸”这一教学模式为主要框架来展开教学活动。

（一）创设情境，激发兴趣——在情境中感受“秒”

1. 情境再现，揭示课题

课件播放奥运会开幕式倒计时的片段，让学生在数数中感知很短的时间用“秒”来计量，从而引入课题：秒的认识。

2. 呈现钟表，了解用途

课件显示日常生活中常见的钟表，学生通过看一看、说一说丰富自己的生活经验。钟表除了可以用来计时、计分，还可以用来计秒。那么，秒如何计量呢？这样，自然地进入新课的探究。

（这一环节，我创设学生熟悉的情境，既激发学生的学习兴趣，又让学生在情境中感受“秒”。）

（二）自主探究，合作求知——在探究中认知“秒”

1. 认识秒针

（1）课件出示有2根针的钟面，在填空练习中复习时、分的知识，为学习新知做铺垫。

（2）转换成有3根针的钟面，在比较中发现秒针。结合钟表实物，引导学生认识秒针并观察其特征：又细又长，走得最快。（板书：秒针）

2. 秒的计量

（1）认识1秒。

“你知道秒针走1小格是多长时间吗？”课件显示：钟面上秒针走一小格，同时“嘀嗒”一响。学生直观地感受秒针走一小格是1秒。（板书：走1小格是1秒）

（2）体验1秒。

闭上眼睛体验1秒的长短。接着问：“1秒能做些什么呢？”最后，我让学生现场做一做，亲身感受1秒的短暂。

（3）联系生活。

通过课件联系生活，1秒也能产生快速度、高效率，借此教育学生要珍惜时间。

（4）认识几秒。

课件出示题目：①秒针从数字“12”走到“1”经过（　）秒；②秒针从数字“1”走到“4”经过（　）秒；③秒针从数字“12”走到“6”再过两小格经过（　）秒。

结合课件直观演示，我让学生说出自己的看法、见解，并适时点拨。

利用钟表学具指导学生通过小组合作，进行拨针报时练习，巩固对秒的认识。

（多种形式的活动既体现直观教学，又体现师生互动、生生互动的新理念。）

3. 探究分与秒之间的关系

提问：秒针从数字“12”走到“12”，走一圈是多长时间？（板书：秒针走1圈是60秒）

课件动态显示。观察秒针走1圈，分针有什么变化，思考秒和分之间有什么关系。

得出结论：秒针走1圈（60秒）的同时，分针走1小格（1分），所以1分＝60秒，60秒也就是1分。（板书：分针走1小格是1分，1分＝60秒）

（因为分与秒的关系是本课的难点，所以我采用观察、思考、发现的方式来探究，让学生真正成为课堂学习的主人。）

（三）联系生活，亲身体验——在活动中体验“秒”

（1）打节拍体验1分钟的长短。

（2）说一说你1分钟能做什么？

（3）展示1分钟的活动。

（由于时间观念比较抽象，学生不易接受，所以我安排学生做自己喜欢的活动，让他们感知1分钟的长短，使他们对1分钟有了尽情独特的体验。快乐的活动既消除了学生学习上的疲劳，又让学生感受到了做数学、用数学的乐趣。）

（四）精心设练，拓展延伸——在练习中巩固“秒”

1. 基础练习

① 钟面上的三根针。走得最快的是（　　）针，走得最慢的是（　　）针，不慢不快的是（　　）针。

② 1时=（　　）分，1分=（　　）秒，2时=（　　）分，3分=（　　）秒。

③ 课本P63第1题，填上合适的时间单位。

2. 拓展练习

丁丁的趣味日记

2009年10月21日　星期三　晴

今天早晨，我刷牙洗脸用了4秒钟，早饭用了10小时，洗碗筷用了50分，整理书包2秒。学校离我家不远，大约有150米。我跑步来到学校，大约用了1小时。

（我设计这道与学生生活息息相关的用错时间单位的练习，再一次丰富学生对时间观念的感性认识，使学生能灵活运用所学知识，分析和解答生活中的数学问题。）

（五）总结全课，布置作业——在生活中应用“秒”

总结：我让学生自己来谈收获，在汇报中分享成功的喜悦。

作业：P63练习十四第6题和第9题。

在板书上，我用精练的语言对教学内容进行概括，既突出教学的重、难点，又方便学生课后进行总结梳理。

板书设计：

秒的认识

秒针走1小格是1秒

分针走1小格 ⇦ 秒针走1圈

1分 = 60秒

《数学广角》说课稿

一、说教材

1. 教学内容

义务教育课程标准实验教科书《数学》二年级上册第8单元“数学广角”第一课时。

2. 地位和作用

“数学广角”是义务教育课程标准实验教科书从二年级上册开始增设的一个新单元，是新教材在向学生渗透数学思想方法方面做出的新尝试。排列和组合的思想方法不仅应用广泛，而且是学生学习概率统计知识的基础，同时也是发展学生抽象能力和逻辑思维能力的好素材。本教材在渗透数学思想方法方面做了一些努力和探索，把重要的数学思想方法通过学生日常生活中最简单的事例呈现出来。

3. 教学目标

知识技能目标：使学生学会找出最简单的排列数和组合数。

过程方法目标：培养学生初步的观察、分析及推理能力，初步培养学生有顺序地、全面地思考问题的意识。

情感态度目标：感受数学就在自己身边，体会数学学习与现实生活的联系，进一步培养学生的求是态度和科学精神。

4. 教学重点

找出简单排列与组合的规律，并能解答简单的排列与组合问题。

5. 教学难点

简单区分排列与组合的异同。

6. 教具与学具准备

教具：多媒体课件、数字磁片、三个小朋友的图片。

学具：数字卡片和表格。

二、说教学设计理念

根据学生的认知特点和认知规律，在本节课的设计中，我遵照课标的要求和低年级学生学习数学的实际，着眼于学生的发展，注重发挥多媒体教学的作用，通过课件演示、动手操作、游戏活动等方式组织教学。

三、说教法与学法

教法：多媒体课件直观演示，创设生活情境，开展有趣的数学游戏等。

学法：独立思考、分组讨论、合作探究、拓展练习等。

四、说教学过程

为了创设“自主、合作、探究”的新型教学模式，达到预定的教学效果，我把教学过程设计成以下几个环节。

（一）创设情境，引发探究

（1）小朋友们喜欢去公园吗？（学生自由回答）

师：今天老师要介绍大家去一个有趣的地方——数学广角（课件显示首页），你们想去吗？（板书：数学广角）

（2）师：出发吧！但每位小朋友需要买门票才能进去，儿童票一张5角，钱我已经准备好了（课件出示）。让学生先独立思考：如果要你来买，你准备怎样付钱?

（3）展示学生的不同付法。（课件显示）

（二）合作学习，构建模型

1. 感知排列

师：同学们，你们刚才的表现太棒了！鉴于你们的出色表现，售票员阿姨说我们有机会赢得一张免费团体票。但阿姨说，这张免费团体票是用来奖励聪明的小朋友的。如果你们能攻克以下三大难关，就可以免费进园。大家有信心

试一试吗？（课件显示）

师：好！闯关开始，让我们进入第一关。（课件显示）

第一关：用“1”和“2”两张数字卡片能摆成几个不同的两位数？（课件出示问题）

现在请每个同学用自己的数字卡片摆一摆，并说一说。

师：同学们可真厉害，一下子就攻破了第一关，让我们进入第二关。第二关：用“1”“2”“3”摆两位数，你能摆出几个不同的两位数呢？有什么方法能保证摆数时不漏掉，也不重复？（课件出示问题）

师：现在每个小组桌上都有1、2、3三张数字卡片和一张表格，请大家一起合作，看看有什么方法能把所有的不同两位数摆出来，然后由小组长把大家摆出来的两位数填在表格里。注意不要重复哦！

（1）小组动手摆两位数，并记下结果。（师巡视并做适当指导）

（2）学生汇报交流，鼓励学生运用多样化的方法，每种方法说完后师问：还能摆吗？（再摆就要重复了！提示：不能遗漏也不能重复）

2. 引导评议，尝试总结

（师板书，先贴数字卡片，再板书）师小结：三种方法虽然不同，但都能正确并有序地摆出 6 个不同的两位数，同学们今后可以用自己喜欢的方法来摆数。看来以后我们在排列数的时候，要想既不重复也不漏掉，就必须要按照一定的顺序进行。（板书：有方法、不重复、不遗漏）

3. 练习巩固

师：同学们好聪明哦，让我们一起看第三关吧。如果把1改成0，0、2、3三个数字又可以摆成哪些两位数呢？（课件出示问题）师：对了，0不能放在最高位。

4. 感知组合

同学可以进园了，看！公园门口迎宾吉祥物“小飞猪”早已挥着手在欢迎我们呢！还打算跟我们握手呢！（课件显示）说到握手，同学们知道握手是什么意思吗？放完暑假回到学校来，小东、小明、小红每两个人握一次手，一共握了多少次手呢？（课件出示问题）

学生进行猜测。师：究竟是几次呢？解决这个问题呀，我们可以表演一下，小组内三个人握一握，看看一共要握几次。注意：每两个人只能握一次手。请一个组的同学上台演示，其他同学一起数数。

5. 对比构建

师：（指着“6个”“3次”）摆数时用了3个数，握手时是3个同学，都是“3”，为什么出现的结果不一样呢？（课件出示问题）（学生讨论，发表意见）

小结：看来摆数时，交换数的位置，就变成另一个数了，这和顺序有关。而两个人相互握手，只能算一次，和顺序无关。（板书：和顺序有关、和顺序无关）

五、应用拓展，深化探究

1. 搭配衣服

（课件展示活动中心）师：哇，好多同学在打乒乓球呢，我们也去看看！在观看比赛之前，想请小朋友们大家帮个忙，为运动员搭配衣服。（课件出示红色和黄色两件衣服，还有黑色和蓝色两条裤子）同学们，你觉得有几种穿法呢？（课件出示题目）学生讨论，汇报交流。

2. 组合的巩固练习

师：在体育课上，我们要进行乒乓球比赛。如果有三人，每两人只打一场比赛，那么可以打几场？（课件显示首页）

3. 思考题

如果你也参加，那么就是四人了，每两人打一场，又可以打几场呢？（课件出示题目）

六、畅谈收获，升华情感

略。

七、课后思考，拓展延伸

有梨、香蕉、苹果、草莓四种水果，把两种不同的水果摆成一盘，可以摆成几种不同的水果拼盘？

板书设计：

数学广角

①　　　　　　　　明

②　　③　　　　　蓝　　劲

6个　　　　　　　3次

和顺序有关　　　　和顺序无关

有方法、不重复、不遗漏

《小数加减法》说课稿

一、说课内容

人教版义务教育教科书《数学》四年级下册第六单元《小数加减法》例1、例2及有关内容。

二、说教材与学情

本节课内容是在学生掌握了小数的意义性质以及非常熟悉的整数加减法的基础上进行学习的，是学生日常生活和进一步学习、研究的需要。由于小数在生活中有广泛运用，所以学生对小数并不陌生，有较丰富的生活经验。而且，小数加减法与整数加减法在算理上是相通的。对于小数加减法，学生有似曾相识的感觉，因此可以通过积极有效的活动，引导学生充分利用已掌握的旧知识，尝试理解小数加减法这一新知识。本节课选择了学生熟悉的、感兴趣的素材作为计算教学的背景，在解决问题时有意不给出小数加减法的计算过程，不概括小数加减法的法则，而是充分考虑并尊重学生已有的认知基础，努力帮助学生激活简单的小数加减法的计算方法及整数加减法这些已有的知识经验，尝试用已有的知识自主迁移、类推，学习比较全面的小数加减法，使学生懂得应用旧知转化成新知是获得知识的一条重要途径，也让学生感到计算学习同样是生动、有趣的。

三、说教学目标

知识与技能方面的目标是让学生理解小数加减法的计算方法，能够正确计算小数加减法。

过程与方法方面的目标是教师在课堂上要营造自主的探究空间，使学生在探寻计算方法的过程中理解并掌握小数加减法计算的算理和方法，并从中感受迁移、对比等数学思想方法。

情感态度与价值观方面的目标是鼓励学生自主探究知识，培养学生的探究意识，并使学生从中感受到事物间的相互联系。

四、说教学重点与难点

教学重点：探究小数加减法的计算方法。

教学难点：理解“小数点对齐即相同数位对齐”的道理，探究各种类型的小数加减法的计算方法。

五、说教学设计理念

结合全新课标精神及我校正在研究的省级课题“小学数学课堂活动设计与培养学生数学素养关系的探究”进行精心预设。

六、说教法与学法

在教学时，我运用了发现法、转化思想法及数学模型思想法等教学方法，充分调动学生学习的积极性，使学生学得主动、学有成效。在学法的指导上我主要是引导学生运用迁移、类推、对比等学法，通过自主探究、合作交流参与教学全过程，体现了数学学习是让学生经历数学活动过程的新课程理念，使学生真正成为学习的主人。

七、说教学过程

为实现教学目标，对于整个教学过程的设计，我以“激活经验，直切主题—探究发现，合作建模—归纳总结，巩固应用—畅谈收获，提高素养”这一教学模式为主要框架来展开教学活动。

（一）激活经验，直切主题

（1）先让学生谈谈知道哪些小数的知识，生活中哪里有小数。

（2）课件出示课本第71页主题图。我让学生观察后回答：从这幅图中你能得到什么信息？

这一环节，我以学生熟悉的生活情境导入，唤醒学生已有的知识基础和生活经验，激发学生的学习兴趣。

（二）探究发现，合作建模

1. 观察发现，提出问题

小丽想买两本什么书呢？两本书各有多少钱？谁能把两本书的单价给大家读一读？根据这些信息，你能提出什么数学问题？根据提出的这两个问题，进行列式？

2. 探究小数位数相同的小数加减法的计算

（1）我们先来看看这道加法式子。用竖式该怎么计算呢？你是怎么知道的？我们能联系学过的知识来解决问题真好。这是一种重要的数学思想，叫转化。那现在请大家尝试着在练习本上计算并思考：为什么能这样算？

（2）把你的想法在小组里跟同学交流一下。为什么要把小数点对齐？还要注意什么？

（3）那减法呢？能不能自己计算？试试看要注意什么。

3. 计算小数加减法要注意什么？

（学生通过小组合作，分析、交流、理解结果的小数点要与竖式上面的小数点对齐的道理。这既为后面探究其他新知做准备，又培养了学生数学交流的能力）

4. 探究小数位数不同的小数加减法的计算

小数加减法除了小数位数相同的数相加减，可能还会有哪些不同的情况？我让学生思考后编成题，再试着做一做。

预设：

新情况一，位数不同的小数相加减。

新情况二，计算结果末位有0。

新情况三，整数加减小数。

学生编完题后，展示，交流，争论自己编出来的题目，对各种情况的算法形成共识。

刚才同学们自己编题，呈现了好多小数加减法中的新情况，你学会了吗？真是感谢大家出的好题，通过对这些题的研究，我们对小数加减法有了更全面的了解和认识。

（由于学生对学习小数加减法已具备丰厚的认知基础，所以本课中教师一改以往“老师出题，学生练”的模式，鼓励学生自己来创造例题，让“创编—交流—欣赏—借鉴”成为学生充分从事数学活动的过程。学生能够在自主探索、亲身实践、合作交流的氛围中，表达想法，解除困惑，明晰思路，并有机会分享自己和他人的学习感受，而教师也从知识的传授者转变为学生发展的促进者。教师在整个过程中与学生平等地交流，给予恰当有效的点拨，引导学生思考和寻找新问题与旧问题之间的关联，为学生营造一个探究和发现的空间，激励学生自主学习）

（三）归纳总结，巩固应用

（1）（利用多媒体出示例2相关信息）你能提出什么问题？怎样列式？我们能自己用竖式计算吗？

（2）计算并验算。

（3）口算。你发现了什么？

① 5.55+2=　　② 5.55+0.2=　　③ 5.55+0.02=

（在本环节，我设计了三个练习。练习一是课本的例题，练习二是课本中“做一做”的题目，我让学生运用所学知识解决问题，并对学生的解决方法给予充分的肯定。做练习三时，学生们积极地抢答口算，不仅算出了正确的结果，还通过对比进一步深化了对“相同数位上的数相加减”这一计算本质的理解）

（四）畅谈收获，提高素养

这节课你学会了什么？你对自己的表现满意吗？

（在本环节，我让学生分享在活动中的收获和感受，通过自评、互评，学生感受到收获的喜悦，提高了数学语言表达能力等数学素养）

八、说板书设计

本节课的板书简明扼要，教学重点突出。

板书设计：

小数加减法

小数点要对齐，也就是把数位对齐。

《圆的认识》说课稿

一、说教材

1. 教学内容

《圆的认识》是人教版小学数学第十一册第四单元的第一个内容。

2. 地位和作用

本节课是在学生对圆有了初步的感性认识的基础上进行教学的，是学习圆的周长和圆的面积的前提与基础，同时是学习平面曲线图形的开始。教材致力于引导学生通过对圆的研究，初步掌握研究平面曲线图形的方法，使其空间观念进入新的领域。

3. 教学目标

知识与技能：

（1）掌握圆的特征，认识圆各部分的名称；理解“在同圆或等圆中，直径是半径的2倍（半径是直径的一半）”。

（2）学生能熟练地用圆规画圆。

过程与方法：引导学生参与整个学习活动，经历观察、猜想、实践、验证、归纳、总结等学习过程，自主掌握知识。

情感态度与价值观：让学生在自主、合作、探究的过程中感悟新知，体验到学习数学的快乐和成功的喜悦，激发其探究数学的兴趣和热爱生活的积极情感。

4. 重点与难点

重点：掌握圆的特征，认识圆各部分的名称；理解直径与半径的关系。

难点：掌握用圆规画圆的方法。

5. 教具与学具准备

教具：多媒体课件、直尺、教学圆规和圆形纸片。

学具：圆规、尺子、圆形纸片。

二、说教学设计理念

数学源于生活——引导学生在熟悉的生活情境中感知圆。

亲身经历过程——让学生在自主实践、合作探究的过程中认识圆。

数学回归生活——指导学生运用所学知识认识生活中的圆。

三、说教学策略与学法

在教学时，我采用了“创设情境”“自主发现”“直观演示”“精心设练”等教学方法。在学法的指导上我主要引导学生通过猜想、自主探究、合作交流、归纳验证、相互评价等形式参与教学全过程，体现了数学学习是让学生经历数学活动过程的新课程理念，使学生真正成为学习的主人。正所谓“授人以鱼，仅供一餐之需；而授人以渔，则终生受用无穷”。

四、说教学过程

为实现教学目标，本节课以“创境设疑、激发兴趣—实践探索、发现新知—联系生活、学以致用—精心设练，拓展延伸”这一教学模式为主要框架来展开教学活动。

（一）创境设疑，激发兴趣

1. 从情境中引入圆

我利用课件创设了“赛车比赛”的情境来引入新课。我让学生猜一猜：“哪辆车子能胜出？为什么？”接着用课件演示比赛的动画过程。借此提出：“为什么车轮是圆形的就能跑得又快又稳呢？这节课我们就一起来研究圆的有关特征。”

2. 从生活中感知圆

我让学生自由列举出生活中圆的图形，结合课件演示石子入水后荡起的水纹、太阳光环、五环旗、向日葵等，从中发现圆、感受圆。学生感受到，因为有了圆，我们的世界变得如此美妙、神奇。

3. 从对比中认识圆

利用课件出示各种平面图形：长方形、平行四边形、三角形、梯形以及圆。引导学生观察、比较得出圆和它们一样都是平面图形，但又与它们有所不同的结论。以前学习的是平面上的直线图形，而圆是平面上的曲线图形，这样就完成了从平面直线图形到平面曲线图形的过渡，也体现出从形象直观到抽象建模的过程。

（二）实践探索，发现新知

1. 合作探究圆的特征

（1）动手操作。

指导学生利用圆形纸片，将其对折，打开，再对折，再打开，重复几次。学生经过观察，容易发现折痕相交于一点。我再进行说明：这个点是圆的中心点，叫作圆心，用字母O表示。（板书：圆心）

（2）合作探究。

利用对折过的圆形纸片，进一步提出问题：“圆形纸片中的长折痕和短折痕又叫作什么？”先让学生自习课本第86页的内容，然后带着问题进行小组合作，完成下面表格。

合作交流卡

名称	概念	字母表示	条数	长度	直径与半径的关系
直径					
半径					

通过学生的展示、互评，营造了一种平等、和谐的课堂氛围，调动了学生的学习激情。学生再结合课件直观演示加深认识。接着让各小组学生利用手中的圆折一折、量一量，合作交流得出：在同圆或等圆中，直径是半径的两倍（或半径是直径的一半）。（板书：$d=2r$　$r=1/2d$）

（3）深化认知。

据我了解“猜谜语”是学生比较喜欢的游戏之一。因此，我利用课件演示“羊吃草”的情境，让学生根据画面做猜字游戏，再思考问题：“‘羊吃草’的情况与今天学的知识有关吗？羊吃到草的最大范围是什么？”

通过演示，学生能直观地看到原来羊能吃到草的最大范围是一个圆，并通过观察认识到“钉在中间的木桩是圆心”“拴羊的绳子是半径”。然后引导学生通过思考、交流，深化认知：如果要让这只羊吃更大范围的草，需把绳子放长，即把半径拉长；如果要让羊到另外一个地方去吃草，得移动木桩，即移动圆心。最后总结出半径决定圆的大小，圆心确定圆的位置的结论。

2. 自主尝试画圆

教师问：你可以利用哪些工具来画圆？教师让学生自己举例，接着让学生自己尝试用圆规在纸上画圆，再投影展示一些画得规范或不规范的圆。通过比较，教师引导学生说出画圆的体会，在学生回答的基础上，归纳出以下几点：

（1）画圆的步骤：定长（半径）—定点（圆心）—旋转一周

（2）画圆时应注意什么？（圆心不能移动，半径不能改变）

最后教师用圆规在黑板上示范画圆并板书，再让学生按所学方法画一个规定大小的圆。

（三）联系生活，学以致用

学到此处，我回应前面的问题：为什么车轮是圆形的，就能跑得又快又稳呢？车轴应装在什么地方？学生交流得出：是因为圆心到圆上任意一点的距离是相等的。车轴应装在圆心的位置。

这一环节的设计既能做到前后呼应，又让学生体验到数学来源于生活又服务于生活。

（四）精心设练，拓展延伸

（1）我是小法官。

①画圆时，圆规两脚间的距离是半径的长。（　　）

②两端都在圆上的线段叫作直径。（　　）

③在同一圆里，圆心到圆上任意一点的距离都相等。（　　）

④直径3厘米的圆比半径2厘米的圆大。（　　）

（2）一条绳子的一端系着一个小球，用手拽着绳子另一端，将小球甩起来。小球甩出一个什么形状？你能找出圆心和半径吗？

（设计这两组练习主要是帮助学生辨析相关概念，巩固新知，同时为下一道练习做好铺垫）

（3）学校新建了一个篮球场，现在只差中央的圆还没有画出来。可我们没有那么大的圆规，小组讨论一下，可以用什么方法来画出这个圆？

这道拓展题的设置把学生的学习推向另一个学习高潮。学生经过讨论可能会提出许多方法，如有的学生会说“用两根棍子做一个超大号的圆规”，还有的会说“利用绳子，先固定一端，沿着另一端绕一周画出圆”，等等。学生在实践中开掘创新潜能，提高创新能力，并从中亲身体验数学的无限魅力。

（五）小结与作业布置

这节课你学会了什么？你对自己的表现满意吗？学生通过自评、互评感受到收获的喜悦。作业：课本第88页练习二十二第4、5、6题。

最后说说板书设计：这节课的板书都是由学生经过猜想、讨论得到的数学结果，教师适时地进行指导、补充、调整，力求使整个版面的设计既形象又重点突出。

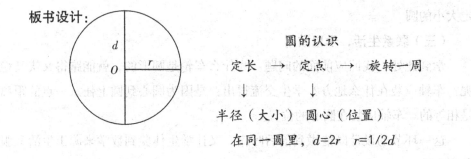

板书设计：

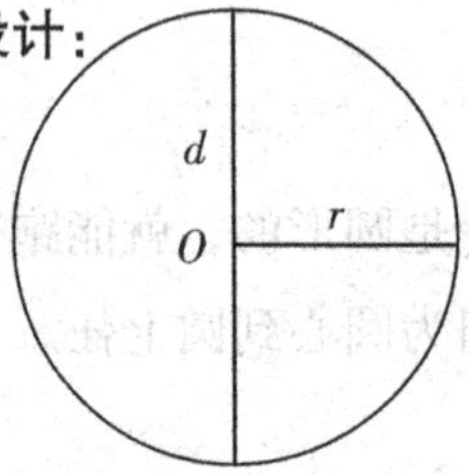

圆的认识

定长 → 定点 → 旋转一周

↓ ↓

半径（大小） 圆心（位置）

在同一圆里，$d=2r$ $r=1/2d$

第六章

求进步 常超越

——教学探索之路继续前行

6

骨干教师成长之路——勤于学习、善于思考

二十几年来，我始终坚守在我所挚爱的课堂，走着一条边工作实践边学习积累的专业成长道路。在各级领导及同行的关怀帮助下，我经历了长期的学习与实践、反思与超越的职业活动过程。今天，我由一名稚嫩的年轻教师成长为广东省特级教师，最大的感受就是要勤于学习、善于思考。这是骨干教师成长为名师的必经之路。在这儿，我想跟在座的教师分享一下个人经验。

一、勤于学习

一个优秀教师的知识结构应当由三个板块组成：开阔的人文视野、精深的专业知识和一定厚度的教育理论修养。这个知识结构没有坚持不懈的学习是很难构建起来的。我们现在倡导终身学习，这不单单是对学生的要求，也是对我们每一个人的要求，尤其是我们教师，离开与时俱进的学习，我们的职业生命就会失去活力，变得枯竭。对一个教师来说，工作就是不断的学习，读书就是很好的备课。那我们怎样做一个勤于学习的教师呢?

1. 必须有学习的意识

一提到学习，好多老师都抱怨：哎，哪来的时间和精力呀，工作这么忙，家里的事情又一大堆！这些都是事实，但我们真的就一点时间都没有吗？我觉得不是，关键看自己想不想读，这需要有一定的毅力，有一定的控制力，好多时候需要强迫自己去读书。读书最大的好处不在于提高自己，更主要的是为学生、为自己的孩子做榜样，引导孩子养成喜欢读书的良好习惯。所以，请大家放下一切借口，从现在开始，拿起书本，一页一页地读下去。只要有开始，就会有收获。

2. 必须要广泛地读书

读书对任何一个人都非常重要。我特别崇尚高力夫老师的观点：读书的女人最美丽。女人都追求美丽，十几岁、二十几岁的女孩子具有天然的美。如果你赞美她看上去很美，我想她会心花怒放。而对于我们这些资深的成熟女性来说，你夸我们有多么漂亮，我们都知道那是场面话，不会信以为真。因为我们的外表的确不占优势，但我们一样也可以很精彩，那就是我们的气质、我们的成熟。我们由内而外透露出来的气质美，让人觉得我们很丰富，很有内涵，不空洞。我敢说，这是年轻的女孩子所不具备的。这种丰厚的气质美，不读书学习是永远不能获得的。所以说读书就是最好的美容，打理好我们的生活也是最好的美容，用美容的钱买书、买蔬菜水果，我们一样会很美。当然，这只是我的个人观点，该美容的还得美容。而我想说的是，人生的每个阶段都有不同的美，但读书是使每个阶段的人都变得美丽的通用法宝。

作为教师，读书更是最起码的要求了。如果连我们教师也不读书了，那么我们还指望谁会读书呢？新课程改革首先是教师理念的更新，教师理念的更新要依赖于学习和阅读，非书不能充盈教师的思想，尤其是专业素养的阅读，一名教师没有相当数量的专业素养的阅读，在新课程的课堂上，根本就不可能成为一名称职的教师，以教书育人为职业的我们是不能离开阅读的。我们的教育一直倡导“人”的工作，这种“人”的工作显然不是靠各种技术就能胜任的。“人”的教育在本质上还是要靠“人”，而不读书的教师，要想成为一名“好老师”显然是不可能的。因此，作为优秀教师、骨干教师，我们必须让自己走进阅读，让读书成为我们重要的生活状态。

那我们要读什么书呢？我觉得，范围很广泛，要读专业的书、读成本的书、读名家的书、读专业以外的书。

教师的专业素养是多方面的，但教育理论是教师专业素养中带根本性和实质性的成分，因为它对教育教学活动起着指导作用。新一轮基础课程的改革，带来了教育理念、内容、方式方法等方面的很大变化，要求教师成为学生学习的组织者、引导者和合作者，成为一名学习型、研究型教师。而在传统的教学中，教师是教材的解说者，知识的传授者、灌输者，对多种考试的组织者。对于大多数教师来说，从根本上改变多年来形成的教学方式是一件十分复杂而痛苦的事。为了适应新课程提出的新要求，尽快提高自己的教育理论水平，转变陈旧的教育观念，有效的措施之一就是认真阅读教育名著。

在教育发展的历史过程中，不少中外教育理论家、思想家留下了许多教育名著，如我国教育家陶行知的文集，苏联教育家苏霍姆林斯基的著作，以及瑞士皮亚杰、美国布鲁纳等教育家、心理学家也都留下了有关教育的著作。他们的著作虽然代表着当时年代的教育教学思想，存在着某些局限性，但其主要思想观点对我们今天推进素质教育、实施课程改革、培养学生的创新精神和实践能力，仍然有着学习、借鉴价值。因为这些教育名著积淀着深邃的思想精华，有着较高的理论水平和思想境界，蕴含着先进的教育思想和育人观念，能使我们从过去的经验中领悟到教育法则和规律。

阅读教育名著的直接目的是提高教育理论水平，最终目的是改进教育教学活动，推进基础教育课程改革，提高教育教学质量和效益。我读理论书籍是从几年前参加省的百千万名师高研班开始的。读了这些书后，我感觉我的理念发生了很大变化，当我再次走进课堂的时候，我已能真正做到真心实意地去尊重学生，能正确对待学生间的差异，特别明显的就是从不跟学生发火。因为在我的意识里，我和学生是平等的，他们是来学习的，需要我的引导、点拨，犯错误是孩子们的天性，他们就是在不断犯错误中成长的。有了这样的认识，我的课堂变得轻松了，学生们学得更加愉悦了，上课也就成了很有乐趣的事情了。因为有这样的深刻体会，所以，我希望各位老师能静下心来，多读一些理论书籍，哪怕是一些关于教育教学理论的文章，这样与我们的教学实践相结合，你会发现自己有很大的提升。

我们不仅要读教育方面的书籍，还要读一些古今中外的文学名著。这是我们形成开阔的人文视野及丰厚的文化底蕴的有效途径。我们可以广泛阅读古今中外文学大师和思想家们的书籍，做精神世界的富有者。只要我们的底蕴丰厚了，在学生面前的底气就足了，就能成为学生的榜样，带领学生走进知识的海洋，让他们汲取营养，健康茁壮地成长。江苏省特级教师吴非老师在他的教育随笔集《不跪着教书》中说：“只要肯读书，什么都好办！”他说：“不管以后课堂模式如何，老师还是要在课堂上与孩子们说话的，无论如何，别让孩子看不起你！”确实如此，教师不读书，就没有教育理想，没有教育信念，没有教育思考、教育信念也就没有教育活力、教育创新。教师是天生的职业学习者、职业读书人。只有活到老学到老，才能一辈子“站直了”教书。

3. 必须把读书与教学有机结合

目前，无论是在学校还是在家庭，学生的阅读正受到电视、网络等多元媒体的冲击，再加上口袋书、卡通书等灰色图书在学生中的流行，经典文学阅读呈现出萎缩态势。有一项调查显示，读者数在前20位的书目，几乎都是电视上播放过的热门动画片、卡通片或电视剧。而古今中外文学名著，则很少有学生阅读，有的学生即使读了，也是老师或家长要求的。当前，儿童文学的创作日益繁荣，精品力作异彩纷呈，我们的学生为何远离文学呢？这其中有社会的原因，有家长的责任，但教师文学素养偏低、对学生缺少引导，是尤其不能忽视的现实问题。《中国教育报》“全国城市中小学教师阅读情况调查”显示，中小学教师爱读书、在读书，但相当多的教师都在读关于教学参考一类的书籍，对于提高人文素养的文学名著很少阅读。由于缺少经典阅读，相当数量的教师对该向学生推荐什么书的问题感到一片茫然。我觉得这是一种现实。因此，作为教师不仅要善于读书，还要把读书与教学有机地结合起来。著名诗人、儿童文学作家金波先生说：“儿童是需要文学的，如果说拥抱是身体的维生素，儿童文学则是孩子精神的维生素。”读书会使孩子们的心灵获得智慧雨露的滋润。应该说，读书是一种更为主动、更为有效、更具思考性的学习方式，喜欢读书的孩子，往往具有更扎实的知识功底、更好的文学修养和更强的思维能力，学习成绩也往往会更好。因此，我们不仅要自己读书，还要有计划地引导孩子读书，让读书成为孩子的习惯。

读书就是最好的备课。苏霍姆林斯基用一生来备课，他的备课“就是读书，每天不间断地读书，跟书籍结下终生的友谊，潺潺小溪，每日不断，注入思想的大河”。这种“准备式”的读书不是为了应付明天的授课，而是内心的需要和对知识的渴求来持之以恒地“海量”阅读与所教授学科相关的学术著作，不断地补充自己的知识大海。当我们经过几年的知识蓄积，自己所储备的学科知识与要教给学生的最低限度知识的比例为10：1、20：1、30：1、50：1的时候，学校教科书这一滴水，在教师的知识海洋里就会变得越来越小，教师在课堂上讲解教材时就能更加自如地分配自己的注意力了。正所谓“未雨绸缪，有备无患”。

二、善于思考

优秀的教师都是有思想的教师。善于思考对于优秀教师、骨干教师来说非常重要。书读得再多，如果我们不善于思考，没有自己的观点，人云亦云，就永远都不可能出类拔萃。我们是学校的中坚力量，我们有没有思想，工作有没有创新，直接关系到学校的发展。纵观一些学校教师们的教学历程，有相当部分教师“只拉车不看路”，抱着“车到山前必有路”的心态，为教而教，“年年岁岁花相似，岁岁年年课还同”。究其原因就是教学与思考没有融合。所以，要想成为一名优秀的教师就不能只顾埋头赶路，而要走一走，停一停，想一想，反思一下，总结一下，这样才会有收获，才会真正地成长。

当前，我们所提倡的教学反思就是提升教师思想的最佳方式。但好多教师还没有转变观念，没有认识到教学反思的必要性。他们认为写教学反思是加重工作负担，所以，虽然我们大力倡导教学反思，但实际上真正进行反思的教师并不多，大部分教师还处于应付状态。造成这种情况的原因是多方面的，如工作任务多、不知道怎么写，但关键一点还是教师没有认识到反思的重要性，缺乏反思的意识，更没有反思的习惯。好多教师比较擅长做，对于写都存在着畏难心理。因为写教学反思不同于备课，备课多是一种程序性作业，而且很容易相互借鉴，而反思要融入自己的思考，并且要有一定的理论基础，还要把握教改的方向，这样，反思相对备课而言是有难度的。正因为有难度，才需要我们努力。其实写一写，最能增长教师的文化内涵。通过写一写，教师也就有了自己的思考，有了思考也就有了提升。反思，是教师成长的需要。所以，作为骨干教师一定要养成经常反思的习惯。青年教师刘国营在他的教师成长日记《情到深处》中告诉我们，一个教师的成长是在痛苦中实现的，是在与学生共生中完成的，是在促进学生发展中走向成熟、走向成功的。他说：写日记其实就是最有效的反思，写日记应当是“充满思考的活动和充满活动的思考”。作为一名优秀教师，仅有观察是不够的，仅仅能够捕捉到问题也不够，教师在记录教育活动的同时，更要透过这些教育现象分析其本质，思考解决这些问题更为理想的方法。即使最终没有得出结论，思考的过程本身也是有意义的。要做一名有思想的教师，要想让教学中、阅读中产生的思想不至稍纵即逝，就必须学会整理、学会记录、学会提升，甚至学会批判、学会推翻，这些都需要借助于写作。大多数教师善于做，不善于总结积累。总结积累很重要，它是优秀教师成长为有思想的教师的必经之路。学生是不可复制的，我们教育学生的方法也是鲜活富有特色的，积累下来就是丰富的教育资源，开始可能要艰难一些，文字内容可能简单一些，但只要我们坚持下来，就一定能够成功。我们真实的点点滴滴也是我们一生乃至后人的宝贵财富。古今中外好多教育家的著作都来源于他们真实的教学生活，如《论语》《把整个心灵献给孩子》《傅雷家书》《心灵写诗——李镇西班主任日记》《怀揣着希望上路》《情到深处》等。做教育的有心人，记录我们教育过程的点点滴滴，我们最终会成为教育的强者。

所以，我们要想从骨干教师成长为优秀教师、名教师，就必须勤于学习、善于思考，要具有积极主动的探索精神、执着的坚守精神，让自己真正成为教育者。

核心素养视觉下的数学教学设计与实施

核心素养视觉下数学课程的实施，犹如一股春风迎面扑来，让人为之一振，它带给我们全新的教学理念和教改精神。它带来的不仅是变革，也带来了不少争议、探索和困惑。新课程教学改革已经过去十多年了，教师的教育观念、教学方式以及学生的学习方式都发生了可喜的变化。但是随着新课程改革的深入，一些深层次的问题也逐渐出现。正如一位教育专家所感叹的：课堂是教育教学改革最终归属与落脚的地方，新课程为我们打开了一个新天地，但要真正达到课堂教学的理想境界，却有无数个结等待我们去解。

一、学习素养理念，把握教学方向

下面我先来跟大家谈谈这几年最热的话题——核心素养。

（一）核心素养提出的背景

1. 国外情况

核心素养最早由经济合作与发展组织提出，后来由联合国教科文组织等国际组织提出，美国、芬兰也相继提出。

2. 国内情况

（1）2014年，《关于全面深化课程改革落实立德树人根本任务的意见》提出研究制定学生发展核心素养体系，明确学生应具备的适应终身发展和社会发展需要的必备品格和关键能力。

（2）2016年教育部委托中国教育学会对外发布了《中国学生发展核心素养（征求意见稿）》，该《意见稿》从三个维度来构架，包括自主发展、社会参与、文化修养。

核心素养就是全人教育理念，能培养适应将来社会的人。

（二）小学数学学科的核心素养的内容

（1）2015年，北京师范大学的马云鹏教授指出，《义务教育数学课程标准（2011年版）》提出的十大核心词：数感、符号意识、空间观念、几何直观、数据分析观念、运算能力、推理能力、模型思想、应用意识和创新意识就是小学数学学科的核心素养。

（2）2016年，《义务教育数学课程标准（2011年版）》修订组组长史宁中教授将数学学科素养解读为3句话。

①用数学的眼光观察世界（抽象：符号意识、数感、几何直观、空间想象）。

②用数学的思维分析现实世界（推理：推理能力、运算能力）。

③用数学的语言表达现实世界（模型：模型思想、数据分析观念）。

（3）2016年10月，王永春主任指出：

①2011年版课标。

四基：基本知识、基本技能、基本数学思想、基本活动经验。

基本数学思想：抽象、推理、模型思想。

基本活动经验：操作的经验、思维的经验。

四能：发现问题、提出问题、分析问题、解决问题。

十个核心词：数感、符号意识、空间观念、几何直观、数据分析观念、运算能力、推理能力、模型思想、应用意识、创新意识。

②小学数学核心素养体系。

数学认知：数学概念、数学规律、数学关系。

数学思想：数学抽象、运算推理、数学模型、数据分析、转化思想、直观想象。

个人发展：思考自学、合作交流、创新实践。

数学认知、数学思想、个人发展三个维度并不是并列和独立的关系，是融为一体的，数学认知既是数学思想和个人发展的基础和载体，又是一个形成和运用数学思想、个人发展的心理活动。形成数学思想的终极目标是实现个人发展，用数学思想面对现实世界。

个人发展维度主要包括：

思考自学：就是把学生放在主体地位，建立以学生为主体的教学模式，培养学生独立思考、理性思维、自主学习的能力。

合作交流：面对未来的大背景，更凸显合作交流的重要性，当然前提是每个人都需要具备独立思考和自主学习的能力。

创新实践：包括创新思维和实践能力两个方面，创新思维的重点是培养学生的好奇心和想象力，敢于质疑；善于提出新观点、新方法、新设想，并进行理性分析，做出独立判断。实践能力主要是问题解决，重点是善于发现问题和提出问题；有解决问题的兴趣和热情；能依据特定情境和具体条件，选择制定合理的解决方案。

以上三个维度，数学认知是基础，告诉我们核心素养从哪里来；数学思想是核心，告诉我们核心素养是什么；个人发展是关键，告诉我们数学思想要去哪里，怎么去。

二、小学数学教材的特色

接下来我来谈谈小学数学教材的特色。

众所周知，数学课程的基本理念是面向全体学生，让学生在掌握数学基础知识的同时，学会积极地思考，学会应用数学知识解决一些实际问题，培养创新精神和实践能力，形成良好的情感态度与价值观，为终身发展奠定良好的基础。我认为小学数学教材具有以下几个显著的特点。

1. 教材以丰富多彩的形式呈现在孩子面前

为了让孩子们愿意亲近数学、了解数学、喜欢数学，从而主动地从事数学学习，教材内容的呈现采用了多样的形式，如图片、游戏、表格、文字等，将枯燥的数学知识演变得生动、有趣，有较好的可接受性、直观性和启发性。教材图文并茂、丰富多彩，从而激发学生的学习兴趣。

2. 教材能密切联系生活实际

教材的学习内容从学生熟悉的生活情境出发，选择学生身边的、感兴趣的事物或实例作为认识的背景，为学生提供丰富多彩的学习素材。例如，三年级下册第5单元第一课时的教学内容，从一幅教室场景图开始，图中提供了许多关于面积和面积单位的数学学习素材，如墙上的黑板和电视机屏幕，它们的大小可以通过观察进行区别。教室内，学生们都在进行操作活动，有的采用重叠的方法比较课本与练习本封面的大小，有的在长方形上摆圆片或三角形，有的用课本比画量课桌面的面积，等等。这样，在实际生活的背景下呈现有关的学习内容。“活生生”的数学，拉近了数学与生活的联系，有助于激发学生的学习兴趣。

3. 教材丰富多彩的“数学广角”

考虑到学生发展的差异和各地区发展的不平衡性，为满足学生不同的学习需求，使全体学生都能得到相应的发展，从二年级开始，每一册教材都安排了具有综合性、探究性、开放性特点的“数学广角”。这些“数学广角”在动手操作、主动思考、合作交流的“做数学”的过程中，加深了学生对相应内容的认识，增强了学生的动手能力、主动思考能力，提高了学生运用数学知识解决问题的能力，培养了学生的创新意识和合作精神，使课程标准中“实践与综合应用”的内容以多种方式进行。

4. 教材重视学生的探索与交流活动

教材增加了探索性内容，并且围绕着探索活动，设置了一系列“……为什么……”之类富有启发性的问题，给学生留有足够的探索、交流的空间。例如，三年级下册第5单元《面积》中《面积单位》这一节的内容，教材首先让学生理解引进面积单位的必要性，用对话的方式和图片的方式设计了一系列“矛盾冲突”和探索交流活动：两个长方形靠观察很难看出哪个大——由于它们的形状不同，用重叠的方法也很难比较出大小，从而使学生产生认知冲突，促使学生尝试用间接比较的方法，即用其他图形做标准来比较。此时，教师引导学生通过亲身体验与讨论交流，发现“比较两个图形面积的大小，要用统一的面积单位来测量”。接着教材进一步启发学生探索“用什么样的图形表示面积单位比较合适”，教师让学生用剪一剪、拼一拼，或者用固定图形摆一摆、数一数的方法自主探索，在交流中发现“选用正方形测量比较方便”，进而自然地引出面积单位。这样的安排，提供给学生足够的探索、交流的空间，目的不是将知识点填入学生脑海，而是让学生积极主动地参与到数学学习的探索活动中，让学生在探索的过程中理解面积单位，在交流中经历多角度、多形式、多策略地认识面积单位的过程，以发展学生的创新意识和实践能力。

5. 教材给教师留下广阔的拓展空间

教材在合理安排基本课程内容的基础上，给教师留有开发、选择的广阔空间。这样有利于教师充分地、创造性地利用教材资源，适当地增加校本化、人本化内容，使教材更符合学生实际，真正地做到“用教材”而不是“教教材”。

三、把握学情教材，精心设计内容

那作为一名数学教师，应如何备课呢？

（一）认真研读文本（课标、教参、教材），准确把握教材

1. 遵循从整体到局部的思路

首先，从整体上把握教材：学习课标；了解教材编排体系，了解教材编写特点；掌握教学内容的承前启后。

接着，进行单元分析：单元知识结构、例题设置意图、习题配备情况。

最后，研究所有细节……

总之，要深入解读教材，就要做到：

（1）真正读懂教材的编排线索。

（2）深入领会教材的编写意图。

（3）充分挖掘教学内容蕴含的数学“大思想”，如化归、数学模型、数形结合、演绎、分类、完全归纳、不完全归纳、观察、类比等。

2. 研读《教师教学用书》的方法

建议每个教师最好有12册的《教师教学用书》，自己分知识领域整理知识点，平时备课利用《教师教学用书》认真备课。

平时备课建议采用单元备课。教学备课的抓手是抓准知识的教学点。要做到以下几点：

一看课本内容（知道教学内容）；

二看教学目标（明确教学任务）；

三看内容安排（了解素材功能）；

四看特点说明（把握逻辑关系）；

五看教学建议（推敲教学方法）；

（看完单元再看每节课具体的编写意图、教学建议）

六看练习安排（确认教学重点）；

七看评价要点（注意教学分寸）；

八看教学设计（寻找基本常模）。

3. 研读教材的方法

（1）找准例题的知识点。

（2）关注例题的展开。

通过教材呈现方式思考对教学方式的启示，思考教材内容的呈现结构与知识逻辑结构之间的关系。

（3）关于教材例题和练习研读要注意：

① 读懂例题的信息和关系。教师要善于分析主题情境中所包含的信息，研究信息与信息之间的联系，挖掘教材主题情境中蕴藏的丰富学习资源。

② 关于教材练习。教材练习编排存在一些不足，教材有时会缺乏与例题对应的针对性练习；有些例题比较简单，而练习题，尤其是紧接例题后面的“做一做”却变化很大；有些练习题中出现与例题并列的新知识点。

建议备课时，亲自做一次练习题。

③ 留意例题的提示语等。教材中常有指导思路、方法的提示语和指明关键知识的旁注，如“观察上面的算式，你有什么发现？”“商的小数点要与被除数的小数点对齐”“比一比面的大小……”这些提示语或旁注，有的是对学习的难点进行点拨，有的是引导学生对结论、方法、规律等进行归纳与总结，等等。

教材中还经常会有一些“留白”，为学生的学习探索留下一定的空间。这些提示语或“留白”，既是对学生学习的方法指导，也是对教师教学突出重点、分散难点的教法提示，需要教师仔细揣摩。

4. 教学内容设计要根据课型设计去思考

略。

5. 练习设计要注意

（1）设计原则：趣味性、层次性、针对性、科学性、启发性。

（2）要根据新授课、练习课、复习课设计练习。

（3）练习的设计贵在精，不在多。

6. 作业设计要体现新理念，应该多样化

调查报告、数学日记、实际测量等。

（二）以了解学生为前提，定准教学起点和知识点

1. 当前学情分析的真实状况

当前有不少教师存在着学情分析的误区：用教材分析替代学情分析；用经验判断替代调查研究；用想当然做出教学决策，先学后教，讲学生不懂的内容；没有本专业的可靠诊断技术，主要靠察言观色与批改作业揣摩学生的真实思维；等等。

2. 学情分析的内容与方法

分析什么？教学设计学认为，学情分析要分析起点能力、一般特点和学习风格。

对学生一般特点和学习风格的分析、了解，主要依靠平时积累，课前主要解决起点问题。

学情分析还包括学习基础、动机态度、方法习惯，学习基础包括已有知识技能和现有认知水平。

3. 学情分析的通用技术

（1）分析内容。

来自课本：新授部分（包括例题、习题）。

（2）分析方法。

回归最朴实的方法：

① 面试，找学生阅读课本，说说看懂了哪些。

② 笔试，让学生试做例题、代表性习题。

③ 试讲，对若干学生试讲、试演缺乏把握的问题、图示、演示设计与结论陈述。

四、重视组织实施，关注经历过程

根据教学设计的概念，教学设计还要考虑教学方法的实施和媒体的选择。教学组织实施的方式，把全班教学、个人学习、小组学习结合使用。

1. 如何开展有效的合作学习

（1）如何设计学习单。

（2）如何分组。

（3）如何组内学习。

（4）如何汇报（学生汇报，别的同学可以质疑，老师提问重、难点和易错点）。

2. 一般数学练习实施的范式

（1）练习+反馈（模仿例题的基本题）。

（2）练习+讨论（变识的习题、学生比较模糊的习题）。

（3）练习+讲析［比较难理解题意的习题（教师分析题意再练习）］。

（4）练习+提升（带有规律的习题，可以将特殊问题延伸到普遍性问题）。

（5）操作+积累（借助操作去体验才能解答的习题）。

我们在教学实施过程中，根据教学内容要求，要给学生探索提供充裕的时间和空间，要发挥学生的主体性和培养学生的合作能力和表达能力，使其真正经历知识形成的过程，从而提高教学效率，培养学生的核心素养，做到减负增效。

3. 恰当地使用现代媒体

有效利用信息技术可以使教学呈现的方式更生动，不仅可以应用多媒体课件创设生活情境，让学生带着自己的生活经验展开学习，还可以把网站资源作为课程素材，经过选择，整合到课程学习中。

技术是把双刃剑，它需要我们正确把握，既不能用技术来标榜教学的现代化，也不能一味地强调计算机而忽略其他媒体。

我们根据教学内容，充分发挥小棒、图形等学具的辅助作用。

五、总结提炼方法，积累方法和经验

（1）在学习知识的同时，渗透数学思想方法和积累数学活动经验。

（2）在学生经历充分、体验深刻的基础上提炼方法。

每个教学环节、每节课注意根据教学目标提炼方法。

（3）精心设计板书，用简单的词板书知识点和方法要点。

（4）让学生自我总结问题训练单。

① 本节课我学到了什么？

② 我对本节课的学习经历有何感受？

③ 本节课的问题解决主要采取了什么方法？还有别的方法吗？

④ 本节课的知识可以解决我生活中的什么问题？

数学日记

· 姓名：________ 日期：________

· 今天的数学课的课题：________

· 所涉及的重要的数学概念：________

· 你理解得最好的地方：________

· 你不明白或还需要进一步理解的地方：________

· 所学的内容能否应用在日常生活中，举例说明：________

六、在实施过程中的一些困惑及做法

在这几年的新课程教学中，我们也碰到了不少困惑和难题，经过老师们的不懈努力，我们有了一些不是很成熟的做法，现在我把这些在这里与老师们共同探讨一下。

（一）教学目标如何确立

我们经常看到这种情况：上课时，学生们参与着、思考着，气氛异常活跃热闹。但整节课，学生们没有看过书，也没动过笔。这使我们有了困惑：整节课不看书、不动笔，能检测知识与技能领域的目标吗？

还有，据不完全统计，80%以上的课都是从生活中或创设情境引入，其中有很多精彩的案例，但有些也有牵强之感。这使我们又有了困惑：现在的课是不是一定要创设情境才算是达到“情感与态度”方面的目标？

我们知道“四维目标”（知识技能、数学思考、问题解决、情感态度）是一个密切联系的有机整体，它们是在丰富多彩的数学活动中实现的。其中数学思考、问题解决、情感态度的发展离不开知识技能的学习，它是通过数学知识的学习来完成的。

那如何将四维目标在数学教学活动中恰到好处地糅合在一起呢？

我们认为，四维教学目标中，知识技能是基础，是落实数学思考、问题解决、情感态度的前提。知识与技能的学习必须以有利于其他目标的实现为前提，因为后三个方面是每一个学生终身可持续发展的基础。如果每一位教师都对四个方面的课程目标的价值认识有了正确的把握、定位，那么四维目标绝不会顾此失彼的。

例如，刚才第一种情况中的教师可安排适当的时间让学生看书、动笔练习，以巩固知识技能。上课时，不必要课课创境引入。又如，教学“两步计算式题”时直接揭示课题，让学生看着课题说说：“这节课我们将研究什么？”在学生明确目标后出示例题让学生计算。这样，开门见山直奔主题效果也不错，或从有关联的两个一步计算式题引入。这样的数学课“清清爽爽一条线”远比“模模糊糊一大片”要强得多。

（二）主题图如何运用

新课程理念下编写的新教材设计了富有儿童情境的学习素材和活动情境——主题图，这些主题图是遵循课标的理念编写的，具有一定的联系性和故事情节，图中还安排了解决问题的多个信息，确实为教师组织教学提供了便利。但教师不能成为主题图的“留声机”，而应创造性地加以使用。特别是对第一学段的孩子，我们认为必须在孩子充分理解图意的基础上再来提出数学问题、解决数学问题。

例如，“9加几”中运动会全景图，教师可以先让学生同桌互说，再在全班交流：你看到了什么？在完全理解图意之后让学生思考：你能根据图意提出一些数学问题吗？提出的问题学生能解决的马上回答，然后重点讨论：踢毽和跳远的一共有多少人，即9+7怎么计算。有些有一定难度的问题可放在课尾解决，以达到首尾呼应的效果。

另外，有些主题图并不一定符合实际，如一年级上册教材第84页中的“交通情景图”，内容太多，与农村孩子的生活也相距较远，从中引出11～20各数的认识太繁，还不如让学生直接数全班同学的人数来得简单。

（三）如何实施有效的合作学习

合作学习是新课标所倡导的学习方式。现在，几乎每一节研究课上都有小组合作这一环节，但效果怎么样呢？有的教师一提出问题，学生还不知道干什么，就马上组织学生合作讨论。因此看似“热热闹闹”，但结果却是“蜻蜓点水”；有的课合作次数过多，反而削弱了师生间信息的交流与反馈，使教学目标无法在40分钟内完成；有的合作学习，教师为急于完成预设的活动，在学生意犹未尽时就终止合作，使合作成了“中看不中用”的花架子。

那怎样的合作学习才是有效的呢？

我认为，合作学习是通过学生之间的合作交往互动来达成目标的。并不是所有的问题都须合作，教师要选择好合作的契机，把那些思考性、开放性较强，凭个人的力量难以考虑周全的问题安排学生合作学习。在开展合作活动时，教师一定要奏好三部曲：一是前奏，让学生明确合作的要求，即干什么和怎么干，对第一学段的学生来说，教师还有必要把要求明示在黑板或屏幕上。二是序曲，引导合作交流前，教师必须留有“空白”，让学生有一定的时间进行独立思考、自主探究、自主发现，这样小组合作时才能充分展示新的理解和认识，从而提高合作的实效。三是进行曲，组内分工，交流评价，全班汇报。同时，作为任课教师要持之以恒、有条不紊地培养并锻炼学生的合作技能，做到活动前有要求，活动过程有指导，活动后有小结、有评价。

（四）教学时间不够用怎么办

新课程倡导“自主、合作、探究”，倡导做中学数学、玩中学数学，这样一来，时间往往就不够用了。虽然新教材在编排上给了教师调控的时间，但一两节课时间不够用还可以适当挤点时间弥补。经常这样就不行了，期末完成不了教学内容怎么办？

我们认为，大部分学习任务在一节课中是可以完成的，时间不够的责任在于教师对学生现有状况、认知起点把握不准，或预设活动不科学，或课堂调控能力不够，等等，这就需要教师不断地积淀知识，不断地锤炼教学技艺，使自己能和新课程超前或同步成长。

另外，如果有些学习任务确实不是一节课就能完成的，但未完成部分并非一定要占用上课时间，教师要利用课外的时间和空间帮助学生完成，如让学生利用中午时间或独立思考或小组讨论，遇到疑难问题请老师、家长参与，等等。再者，“残缺也是一种完美”，让学生带着问题和遗憾下课，未必是一件坏事，有时还能激发学生的求知欲。此外，也可将它作为下节课所探讨的问题。

（五）如何教学应用题

应用题历来是数学教材改革的重点内容之一。新一轮课程改革也不例外。新教材中已经不再单独设立应用题教学的章节，往往以计算与应用相融合的形式编排。这就对一线教师头脑中长期存在的对应用题的传统认识提出了挑战，同时也给一线教师带来了困惑。新课程背景下的应用题应该怎样教学呢？

我们认为，新理念下应用题教学的本质应该是教师指导学生解决数学问题的过程，属于问题解决的教学。问题解决的核心内容就是要让学生创造性地解决问题。学生能够自己解决的问题，教师绝不替代；学生自己能够思考的问题，教师绝不暗示。那么，如何恰到好处地帮助学生解决问题呢？我认为应把握以下几点。

1. 激励自主探索

问题解决是学生自己对数学知识的再创造过程，在解决问题时就得让学生积极、主动地参与其中，激励学生自主探索、自行解决。

2. 掌握解题策略

在解决问题的教学中，我们要引导学生认真分析生活情境中的数学问题，学会一些构建数学模型的具体方法等，引导学生自主地从实际问题情境中探索隐含的数学模型，然后想办法解决问题。

3. 联系生活实际

教学要创设情境，以帮助学生沟通教学与实际问题的联系。例如，学习了百分数应用题以后可以编出这样的题目：小英把积攒的零用钱1200元，从2019年10月1日开始在银行存定期一年，那么到2020年10月1日，她可以得到多少元？

这样的问题新鲜有趣，与生活贴近，容易引起学生的兴趣。他们会自觉地到银行去了解利率、利息等知识，并与百分数知识相联系。通过学习思考、调查访问、实际计算，学生不仅学会了数学知识，而且还了解到一些金融知识，从而增长了见识，培养了运用已有的数学知识解决实际问题的能力。

（六）怎样教好数学广角

课标要求：通过数学广角的教学，要让学生了解相应的数学思想，思考方法，发现规律，应用规律解决问题。要结合学生的实际，不要过分拔高。那对这一全新的教学内容，教师应该怎样教才能通俗易懂呢？

我们认为，这对教师的备课和教育机智提出了很大的挑战。我们除了应该认真学习教材的教学要求和教学提示，按照教材的编排进行教学外，还有一些方法可以借鉴。下面说说我们的一些做法。

1. 充分利用生活中的智慧

每个人都有2只手、10个手指，5个手指有4个间隔，10个手指就有9个间隔。在植树问题中，手指就可以看成树，这些空就是树与树之间的间隔，手一伸，三种植树问题就都不难理解了。另外，锯木头、上楼梯、钟打点等问题也可以用手指来帮助理解。例如，（点）锯一段木头，锯5段需要8分钟，照这样计算，锯8段需要多少分钟？学生只需把手伸出来，就会发现，5根手指就像5段木头，这4个间隔就是需要锯的次数4次，因次比较容易知道用8/4=2（分），每次需要2分钟，那8段需要锯7次，就要用2×7=14（分）了。

2. 连线图

在解决诸如互通电话、上下衣搭配、比赛场上有多少场比赛等问题时，运用连线的方法解答既直观快捷还不容易出错，可以说是解答此类问题的最佳选择策略。

例如，学校要组织篮球赛，共 5 个班级参赛，不同班级均比赛一场，一共赛多少场？

乍一看题，每个班级都得赛 4 场，所以一共打4×5=20场，但实际上是比赛了10场，问题出在哪儿了呢，怎么讲感觉也是糊涂，但如果用画图的方法，就简单明了。分别用A、B、C、D、E表示5个参赛队，A点可以和B、C、D、E点相连，共赛4场，B点只能和C、D、E三点相连，如果再和A点相连，A队和B队就比赛两场了，所以又赛了3场。依次类推，5支队伍共举行了4+3+2+1=10场比赛。抽象的问题一下子就形象化了。（点回）

3. 列表、尝试的策略

在解决问题的过程当中，可以引导学生将问题的条件信息用表格的形式列举出来，这样会有事半功倍的效果，在解决诸如租船、租车、购票或得分问题以及解决比较困难的鸡兔同笼问题时经常用到。例如数学思考的题目，一次数学竞赛中，规定答对一题得10分，答错一题扣5分，共有10道题。在这次竞赛中小明共得了70分，问他做对了几题，做错了几题？这道题如果用算术方法解答，对六年级的孩子来说都是一个不小的挑战。怎样使十来岁的孩子也会解答呢？这时就想到了列表的策略。先假设做对10题，得100分，没有错题，共100分；如果做对9题得90分，错1题扣5分，共85分；如果做对8题得80分，错2题扣10分，共70分。这样，一目了然，答案是做对8道，做错2道。

当然，在运用列表的方法时也要讲究一定的策略。如果得分较高，就从做对的题数最多列起，如果得分较少，就从做错的题数最多列起。如果学生能尝试一两次就得到正确答案当然更好。其实在列表的过程当中也用到了另外一个策略，就是尝试。尝试的策略，简单地说就是你不知道该从哪开始的时候，可以先通过猜一猜来进行尝试。但是猜测的结果应该是比较合理的，并且要把猜测的结果放到问题中去进行调整。实际上就是一边尝试一边调整，然后通过列表来解决这些问题，直到发现正确的答案。

（七）弱势群体如何关注

随着自主、合作、探究学习方式的不断深入，强者如鱼得水，潜能得到开发，个性得以彰显，越来越出色；弱者有心上进，苦于能力不够，只能成为旁观者。新课改使强弱差距越来越大，如何关注弱势群体呢？

我们认为，大众数学意义下的数学教育体系所追求的教育目标之一就是让不同的人学不同的数学。因此，在实施大班级教学的同时，更应关注弱势群体，给他们提供学习、回答、练习的机会。同时应注重个性化学习，分层设问、分层练习。新课要体现自主、合作、探究；练习课须缜密又紧凑，变换练习形式，以“质”达“巧”。注重课外辅导，使弱势群体在原有的基础上也能“跳一跳摘到桃子”。

另外，教材注重学生的探究过程以及知识的形成过程，往往忽略“结果”。教材中很少提供现成的规律、概念或者是方法。所以在课堂中我们要让学生先自己归纳方法，如果学生的归纳能力或表达能力还较欠缺，那么，最后还是需要教师加以修饰、完善，再让学生记起来的。所以课堂上总结、板书这些方法还是需要的。还有，教材的知识点有时跨度很大，例题往往比较简单，但习题最后几题难度一下子就大了，而且中间也没什么过渡，学生特别是中下层生一下子还是挺难接受的。所以教师还必须找一些过渡习题先让学生练习练习，再来解决课后的题目。

总之，课程改革是一个不断发展、永不停歇的过程，有收获、有困惑、有思考……相信只要每一位教师不断更新自己的观念、不断实践、不断反思，新课改一定能“为有源头活水来”的。

最后，我们来总结一下，在核心素养的视觉下，怎样才是有效的课堂教学呢？

（1）分析教材是否正确？

（2）制定目标是否合理？

（3）教学方式是否科学？

（4）练习设计是否多样？

（5）合作学习是否需要？

（6）技术应用是否恰当？

（7）学习时间是否充足？

（8）教学是否联系生活？

课堂死气沉沉，该怎么办？

新的学年又开始了，今年我教五年级的数学。根据“抽签”的结果，我被安排到了505班。看到班主任的“苦瓜”脸，我暗暗猜测：莫非又碰到一群淘气包？但转念一想：怕什么？凭我十几年的教学经验，什么样的班没教过？走，上开学的第一节课去！我拿起书本兴冲冲地往教室走去。

第一节课上的内容是《小数乘法》，课前我已对这节课做了精心的设计：从创设“买风筝、放风筝”的情境进行引入，让学生玩买卖风筝的游戏，再让学生合作交流探索三个鸟风筝多少钱的多种算法，一环扣一环，层层推进。但半节课过去了，整个课堂只看到我在讲台上唾沫横飞、手舞足蹈，而学生们呢？在我的再三鼓动下，只有两三只手犹犹豫豫地举起来……小组交流时懒懒散散，好多人只听不说，而汇报发言时声音小得像蚊子，缺乏独创性。3个3.5元是多少？书中还提供了三种计算方法，但全班只汇报出两种，至于其他的什么创新方法就更别提了。学生在整节课中最积极的就是齐答了——人云亦云！

怎么回事？这样的课堂设计，要在别的班级，学生早就玩成一片了，教师只有在一旁不断地“降温”才能控制好课堂，可这些学生却死气沉沉的。教这样的学生还不如教一班淘气王呢！难道这些学生不喜欢这样玩着学？但我分明又看到一双双闪着渴望的光芒的眼睛。该怎么办呢？

下课后，我了解到学生课堂上的表现可能跟以前的老师的教学方法有关系，加上不少学生成绩差、不敢表现，所以才出现了死气沉沉的课堂现象。经过一番思考，我决定在课堂上采用一种刺激手段——竞赛。

第二节课，我把全班学生的座位按能力重新均匀搭配调整，前后四人组成固定的合作小组，并宣布，今后课堂的学习活动都以四人小组为单位进行，每节课都要评选“最佳小组”及“最佳个人”，而不积极参加活动的将被评为

“加油小组”及“加油个人”，每周小结一次，对先进的给予奖励，后进的要陈述原因并加以改进。

……

现在，一个多学期过去了，数学课成了我们505班最受欢迎的课。在数学课堂上，为了被评为“最佳个人”，学生认真思考，积极发言，声音响亮；为了被评为“最佳小组”，同组之间互相督促，合作默契，交流热烈，不时迸出创新的火花。现在课堂的“最佳小组”及“最佳个人”不断涌现，而“加油小组”及“加油个人”难得一见。学生越学越欢，好多人已从当初的为了评最佳变成对数学有了真正的兴趣，敢做乐说，学习效果显著。请看以下的课堂片段。

片段一：

学习了五年级上册的《组合图形的面积》后，学生们对采用“拼割法”求组合图形的面积很感兴趣。于是，我出示了练习十八第2题（见下图），向学生提出了这样的要求：“做这样一面中队旗要用布多少？独立思考后小组交流算法，能想出又好又多的算法的小组将被评为最佳小组。”结果，有一个四人小组就交流出了以下五种算法：

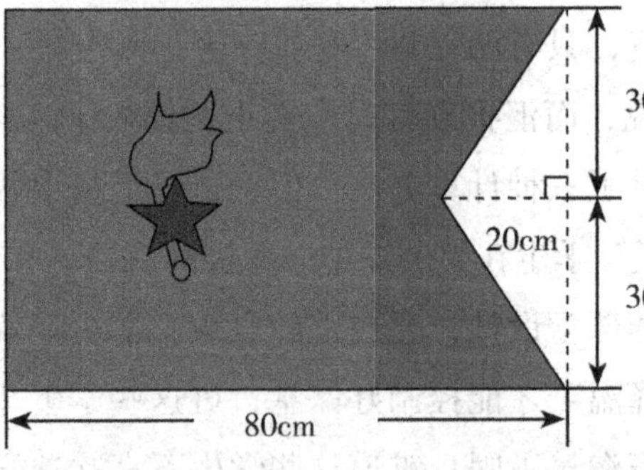

中队旗各部分数据图

（1）求两个梯形面积的和。

（80-20+80）×30÷2×2

（2）求一个长方形和两个三角形面积的和。

（80-20）×（30+30）+（30×20÷2）×2

（3）用一个长方形的面积减去一个三角形的面积。

80×（30+30）-（30+30）×20÷2

（4）大三角形的面积+（大三角形面积-小三角形面积）

80×（30+30）÷2+[80×（30+30）÷2-（30+30）×20÷2]

（5）（小长方形的面积-小三角形的面积）×2

（80×30-20×30÷2）×2

结果这个小组当之无愧地获得了“最佳小组”的称号。

片段二：

学完了五年下册的《分数的意义》，我便出示了练习十一的第4题（见下图）。

4. 按要求涂色。

$\frac{1}{3}$涂上红色，

其余的$\frac{(\quad)}{(\quad)}$涂色

你喜欢的颜色。

分数的意义应用图

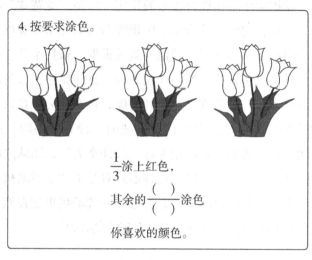

题目刚一出示，多次当选为“最佳个人”的英琳同学就发表了自己的看法：“把三束花看作整体，平均分成三份，一份涂上红色，两份涂上喜欢的颜色，所以括号里应填上三分之二，我喜欢绿色，所以我涂绿色。”不甘落后的海莎却有不同意见：“括号里不一定得填三分之二，也可以填三分之一，我喜欢黄色，我涂黄色。”一向很有主见的敏艺总结了前两位同学的发言：“两位同学说的都有道理，填三分之二的涂两束花，填三分之一的涂一束花。”大家纷纷表示赞同。正当我犹豫着要把“最佳个人”颁给谁的时候，仕浦站了起来，说：“我认为这个其余的几分之几，应该是把剩下的两束看作一个整体，所以如果填的是三分之一，应该是把两束六朵花平均分成三份，每份是两朵；如果填的是三分之二，就应该涂四朵。”仕浦刚一说完，教室里响起了热烈的掌声。一石激起千层浪，大家思维的闸门一下子打开了，都抢着发表自己的观点：可以填二分之一，就是涂一束花；可以填六分之一，就是涂一朵花；可以填六分之二、六分之三、六分之四……教室里充斥着此伏彼起的发言声，学期初的那个死气沉沉的课堂已不见踪影。

德国教育家第斯多惠说过："教学的艺术不在于传授本领，而在于激励、唤醒、鼓舞……要求学生必须学会用手、用舌、用头脑去工作……"那么如何"激励、唤醒、鼓舞"呢？我认为，学生是课堂的"主人"，发挥学生的主体性是课堂教学研究的永恒话题。我经过长期探索感受到，运用恰当得体的"竞赛式"教学，对发挥学生主体性有较好的作用。所谓"竞赛式"就是利用人人都有展示自我的心理，构建一种全体学生积极参与的课堂竞赛机制。其特征是通过竞赛所形成的外在学习诱因，转化为激励进取、张扬个性、反对懈怠的内在学习动机，使学生在一种特殊的心理状态和情感体验中去参与课堂活动，在不知不觉中"运其才智，勤其练习，掘其潜能，自奋其力，自致其知"。这是激发学生学习积极性和使学生争取优良成绩的一种有效手段。竞赛有很多形式，如个人之间竞赛，我把它具体化为评"最佳个人"，团队之间的竞赛，即"最佳小组"的评选，等等。不同的竞赛形式对学生的学习动机都有着激励作用。所以很多学生在竞赛的情况下，好奇心和成就动机更加强烈，学习兴趣和克服困难的毅力大大增强，学习的效率也有很大的提高。

我是老师

我是老师，
付出着爱也收获着爱的老师。

喜欢听那上课的铃声，
我将和孩子共沐知识的海洋。
喜欢听那下课的铃音，
我将和孩子共享游戏的快乐。

喜欢听那悦耳的读书声，
声音里有孩子们收获的喜悦。
喜欢听那简单的“老师好”，
声音里有孩子们的爱与尊敬。

喜欢看那一闪一闪的眼睛，
那是我和孩子未来的希望。
喜欢看那一道一道的对号，
那是我和孩子努力的见证。

喜欢……
喜欢的太多太多！

一切的喜欢
喜欢的一切
源于——
我是老师!

后记

学习　付出　超越

——我的教学成长路

从第一次站上讲台到现在，我一直坚守在教学的第一线——我所挚爱的数学课堂，始终把“上好每节课，教好每个学生，带好每个班，培养好每位青年教师，研究好每个科研课题”作为我教书育人的永远追求。在长期的班主任工作中，我坚持“给学困生多点爱，给特殊生特殊爱”，引导和帮助每位学生把握好人生方向，让每位学生都能健康快乐地成长。回顾这近三十年的教学历程，我觉得我能够成长为广东省小学特级教师、广东省名教师工作室主持人，归功于我不断学习、不断付出、不计得失、不断超越的工作态度。受篇幅所限，以下我只从学科方面叙述。

一、不断学习，不断进取

记得刚走上讲台的那一年是1990年，当时我担任一所农村小学203班的班主任及数学科任，还担任202班的语文科任。203班有学生56人，单留级学生就有近10人。第一节课下来，我就感觉到了学生的基础很差，有的甚至连一个较为简单的意思也不能表达清楚。面对这一情况，我心里有点慌：要是这样下去，将来怎么向学校、向家长交代？我苦苦寻找对策，考虑再三后，决定以“培养学生认真读书，提高表述能力”作为实验专题来进行教学，就这样开始了我的第一次教改实验。

由于是刚刚踏上讲坛，我毫无教学经验，所以从进行系统的构思到精心制订实施计划甚至付诸行动，其间的工作量与所花费的精力可想而知。为了备好课，我多方面查阅资料，虚心请教有经验的教师；为了上好课，我经常请同行们到课堂上来听课、评课；为了实验，我如饥似渴地学习着、反思着。实验刚开始那一阵子，我一个月就掉了好几斤肉，身体状况也很差，但我什么都不管，心里只有一个念头：一定要把实验搞好。

在课堂上，我不厌其烦地指导学生细心读书，并经常利用早读的时间进行带读，指导学生练读。通过一段时间的导读训练，学生在课前、课堂、课后都能认真、流利、正确地读书了。另外，我还非常重视对学生表述能力的培养，我认为培养学生用规范的语言回答问题，是提高学生逻辑思维能力、促进智力发展的重要途径。无论是在计算教学还是在当时的应用题教学中，我都让学生在同桌、小组、全班中交流思路、表述算理，让学生不仅会做，还要表述为什么这样做。

一个学期、两个学期……我发现我的学生慢慢地改变了：他们敢发言、善发言了，学习变得积极了、主动了，听到上数学课就兴奋起来了，学习成绩都达到优良以上的水平了……

就这样，我渐渐地摸索出了一条教学的新路子。后来，我又以“运用知识的正迁移，主动获取知识”“提高学习兴趣，激发创新思维”“激趣—导做—创境，课堂教学模式的研究”等县、市、省级课题不断地进行课改的学习研究，从此踏上了教改的康庄大道。

二、不断付出，不计得失

1997年，我被调到了我现在所在的学校——潮安区实验学校。当时是学校创办的第一年，学校规模小，学生基础差，设备又不配套。“这个学校能办好吗？”这是周围群众的疑问。他们都把目光盯在了601班这个唯一的毕业班的成绩上，以毕业班成绩的好坏来衡量学校办学的质量。我作为这个毕业班的老师感受到了巨大的压力。我咬紧牙关，把压力化为动力，全身心投入到工作中，精益求精地备好每一节课、上好每一节课，努力提高教学质量。经过一年的奋斗，终于一炮打响，取得了好成绩，得到了周围群众的信任。接着，第二年是两个毕业班的数学教学工作，第三年除了继续承担六年级的数学教学任务和担任班主任外，我还必须承担起培养青年教师的重任。我没有推辞，撸起袖子加油干。那时，我除了教好学生，还对青年教师从备课、上课、批改作业、培优扶差等方面进行毫无保留的、手把手的指导。青年教师成长非常迅速，那一年的毕业会考中几个班级都取得了好成绩。

2004年，潮安县实行课程改革，我主动请求到课程改革的第一线去，担任低年级的数学教学等工作。从高年级的教学一下子到了低年级的教学，这个跨度有点大，我不仅对学生不适应，对新教材也不适应。“世上无难事，只怕有心人”。我刻苦钻研，把参加省数学骨干教师培训所学习的先进教育教学理论运用到教学实践中去，在课堂中以生为本，多表扬、重鼓励，注重对学生思维能力的训练及创新精神和实践能力的培养，让学生通过自主探究、合作交流发现知识、掌握知识、运用知识。这样，学生不仅保持了浓厚的学习兴趣，而且创新能力和实践能力得到不断的提高。就这样，我用了几年的时间对小学的数学进行了循环教学。在教学中，我对于新教材的热点、难点问题及时进行研究实践，取得了大量的教改的第一手资料及经验，并把经验通过研讨课、讲座等形式进行介绍推广，得到了同行们的好评。

三、形成风格，不断超越

从教这些年，我不忘初心，牢记使命，从来没有主动去争取什么，但是每件事，我都非常认真地去做，力求做得最好，力求有所超越。我曾三次参加市、县的教学观摩比赛。第一次是在1991年，那时我虽然进行了认真的准备，虚心请教了其他老师，但由于资历尚浅、经验尚少，所以只获得了优秀奖。经过两年时间的磨炼，到了1993年，我又参加数学观摩比赛，这一次我把我的课改思想渗透到课堂中，以“运用知识面正迁移，主动获取新知识”作为我的课堂亮点，获得了一等奖。到了1997年，我第三次参加了教学观摩，当时就有很多人劝我：“一等奖你都拿了还参加，你想得到什么？又没有特等奖！”我都一笑置之。因为我心里知道，得什么奖并不重要，重要的是对自身的超越。我是想把我这几年的课改成果以课堂的形式展现出来，让同行们把把脉，这有利于我今后的课堂研究。结果那次比赛我的课堂设计获得了听课者的高度肯定，轻松地获得了第一名，我也成功完成了对自身的超越。通过这二十几年的不断学习、探索，我已渐渐形成了“和谐、自主”的教学风格。

一分耕耘一分收获。2010年我被评为“广东省小学特级教师”。对于这一荣誉我又有了新的压力，我该怎么做才配得上这沉甸甸的称号？经过深思熟虑，我调整了我的职业规划，决定担负起特级教师的责任和义务，把精力放在培养青年教师、做好专业引领上，通过示范课、听课和评课、讲座、论文指导等形式培养青年教师。2010年10月，我为潮安县“代转公”教师上了四年级数学示范课；2010年11月，为潮安县“代转公”教师做了题为“‘激趣、导做、创境’课堂教学模式的研究”的学术报告；2010年11月，分别在潮安县凤塘镇陈坤标学校、潮安县实验学校、潮安县文祠镇上荣小学、潮安县龙湖镇市头小学进行四场“活用教材、优化教学、形成模式”的专题讲座；2017年3月，为潮州市的教师上了信息技术应用于教学的示范课。从2013年开始还参加了“潮安区教育教研服务团队”，深入文祠、归湖、古巷、凤凰等地的农村薄弱学校开展送教活动。我通过为学校老师上示范课、做专题讲座等多样的活动，从教学、教研等层面帮助农村薄弱学校提升办学水平。2018年开始参加广东省送教团队，带领骨干教师到东凤、龙湖、彩塘等农村学校及汕头达濠等地开展送教活动。另外，通过层层筛选，省教育厅把粤东地区唯一的小学数学省级名教师工作室以我的名字挂牌成立了，我以“广东省傅卓英名教师工作室”及“潮安区傅卓英名教师工作室”为基地，对来自全省各地的骨干教师进行了“师带徒”的培训。近10年来已培养了40多名省级骨干教师（其中林木兰老师被评为“新一轮广东省名教师工作室主持人”、唐箐老师参加广东省教学观摩获一等奖、马燕兰老师被评为“感动潮州最美教师”），这为全面提高我省教师的整体综合素质和水平充分发挥了示范和引领作用。

虽然我的教学生涯并不是一帆风顺的，有曲折也有烦恼，但我还是觉得我是最幸运的，幸运于生在改革开放的年代，幸运于碰到了那么多的良师益友，幸运于有那么多的施展机会，幸运于有那么多可爱的学生……我很知足，但我并不满足，我会继续沿着“学习、付出、超越”的道路一直走下去。我始终坚信，幸福是干出来的！

傅卓英

2019年7月9日